comme chiens et chats

Collection animée par Soazig Le Bail.

ISBN 978-2-84420-920-7

Loi n° 49-956 du 16 juillet 1949 sur les publications destinées à la jeunesse

Maquette : Bärbel Müllbacher
Illustration de couverture : Mathis

comme chiens et chats

histoires de frères et sœurs

Nouvelles

Shaïne Cassim
Jérôme Lambert
Véronique M. Le Normand
Pascale Maret
Frédérique Martin
Mathis
Charlotte Moundlic
Mikaël Ollivier
Florence Thinard

EDITIONS THIERRY MAGNIER

Déjà paru aux éditions Thierry Magnier :
Nouvelles vertes, collectif, 2005.
Mixité(s), collectif, 2007.
Des filles et des garçons, collectif, 2007.
Nouvelles re-vertes, collectif, 2008.

Ma pink Cadillac

Shaïne Cassim

"Freedom is just another word
for nothing left to loose."
Janis Joplin, *Me and Bobby McGee*

J'ai vidé mon compte en banque. Pour l'amour d'une vieille Cadillac. Bon d'accord, elle est rose. À la frontière, un enfant a ri en la montrant du doigt : Pink, pink, pink, a-t-il dit. Sa voix continue de piailler *pink, pink, pink* dans ma tête.

Je vais voir mon frère à Cielo Perdido, Mexique. Juan est moitié mexicain, moitié américain. Juan, dit ma mère, est l'enfant de l'amour. Celui de sa folle passion avec Diego. Mais Diego s'est fait la malle. Alors elle a épousé mon père. Je suis le fruit de leurs amours peu passionnées. C'est comme ça que je vois le tableau.

Depuis que ma mère est revenue de Cielo Perdido, je suis tracassé. Il paraît que Juan ne dit rien, qu'il vous regarde d'un air doux, qu'il a le cœur triste et que c'est insupportable. Qu'est-ce que j'y peux s'il a le cœur triste ? Il vaut mieux avoir le cœur triste que le cœur sec, moi je dis. N'empêche, c'est typique de Juan. Vivre dans un trou perdu. Loin de nous.

Ne pas donner de nouvelles. Moi, je fais la jonction. Cet entre-deux où je roule, c'est le Rio Bravo et le Rio Grande à la fois. L'Amérique et le Mexique. C'est bien évidemment une route poussiéreuse. Avec des arbres morts ou des cactus. Quand il y en a. Un air sec gratte la gorge. Mes paupières brûlent, je m'arrête sur le bas-côté et je sors. Satanée poussière. Je ramasse la bouteille d'eau qui a roulé sur le plancher. L'eau tiède que j'avale, c'est comme si j'avalais de la chaleur. Le ciel ressemble à une tôle brûlante et la route va sûrement au bout de la Terre. Ou alors elle tourne en rond et moi aussi. On croit avancer puis non, on revient au point de départ, avec sa pink Cadillac. On a des soupçons mais on continue à rouler, sans avoir la force dans le bras pour tourner violemment le volant. Pour que quelque chose se passe. Merde. J'aime pas remuer ces trucs-là. C'est la chaleur, ça chauffe les idées dans ma tête. À moins que la route ne finisse dans un ravin immense qui avale le monde et les gens. Je crois que je vais faire un somme.

Il y a mon frère, un âne aux yeux de fille et des montagnes. L'âne aux longs cils nous couve du regard. C'est très doux comme présence. Des rubans de brume nous enveloppent d'une paix suspecte. Juan me dit des choses dans une langue que je ne comprends pas. Ça ne fait rien, c'est que des murmures mexicains. Si seulement je comprenais, je me dis aussitôt après. Il me montre les montagnes. Viens avec nous, semble-t-il dire. Moi je dis non. Évidemment ils partent sans moi, l'âne aux yeux doux et mon frère. Je voudrais bouger mais je ne peux pas. Ma tempe me fait mal et quand je me réveille en sursaut, je m'aperçois que je me cogne la tête contre la portière comme un forcené. Quel çon. Sonné, je scrute autour de moi. Y a rien. Ni âne ni montagnes. Ni Juan. Je suis seul dans cette putain de Cadillac rose. Pink, pink, pink, je murmure en mettant le contact. Les ombres se sont allongées et je roule trop vite. En même temps, je rigole pas mal. L'âne dans mon rêve, c'est sûrement Ann-Luz, la fille avec laquelle Juan s'est tiré au Mexique il y a deux ans. Se tirer à vingt ans au Mexique avec la fille de ses rêves, ça a de la gueule, je trouve. Bon, ils ont rompu depuis. Bien fait. Tu t'es tiré comme un chien sans collier et maintenant t'es tout seul à Cielo Perdido.

J'allume un joint qui traîne dans ma poche. La première bouffée me retourne le cœur. Je pioche un CD dans ceux que j'ai mis dans mon sac avant de me faire la belle. Je fredonne simplement, je ne suis pas du genre qui gueule. D'ailleurs, Janis Joplin, elle gueule bien mieux que moi. Je veux pas trop creuser mais j'aimerais bien savoir. Est-ce que j'aime Janis parce que

Juan l'écoute ou est-ce que j'aurais aimé Janis de toute manière ? C'est ça que je ne supporte pas dans les histoires de famille, on sait jamais comment ça a commencé. Ça me met en rage ce gag de l'œuf ou de la poule. Les gens, ça les fait rire, ils font les malins avec qui de l'œuf ou de la poule mais moi ça m'a toujours rendu dingue. C'est le premier truc que je demanderai au bon Dieu. Qui de l'œuf ou de la poule, hein ? Putain, je suis complètement défoncé. J'appuie sur l'accélérateur, droit sur Monterrey. Mon ventre gargouille, je n'ai rien avalé depuis des heures. Je vais devoir m'arrêter pour manger un truc. Je quitte la grande route dès que je vois une pancarte. Je me gare devant une station-service-restaurant-hôtel-parking. Il fait si chaud que je me dis que je vais prendre feu. On me sert à manger dehors sur une haute table en bois où l'on est assis côte à côte sur des grands tabourets. Non qu'il y ait foule, on est cinq. Personne ne parle, personne ne regarde personne. C'est très bien, je trouve. Je savoure mon hot-dog mexicain au piment. Je commande une seconde bière, puis une troisième. D'autres bières, quoi. J'ai le gosier en flammes à cause du plat très relevé. Une odeur d'essence se mêle à celle de la cuisine épicée. Je suis bien ici, je voudrais rester éternellement. Vissé sur mon tabouret en bois à regarder les gens passer. Je pourrais boire des bières et ne penser à rien.

Sauf que penser à rien, ce n'est pas possible. Penser à rien de particulier, c'est encore ce qu'on peut faire de mieux. C'est probablement ce qui se rapproche le plus de penser à rien. Je titube vers le parking. Peut-être que moi et ma pink Cadillac on va faire demi-tour. Assez rigolé, on remballe maintenant. Qu'est-ce qu'on fout là d'abord ? Pink, pink, pink, je murmure pour m'encourager.

« Qu'est-ce qu'on fout là d'abord, pink, pink, pink ? » C'est pile ce qu'on se dit une fois à Monterrey. Plus triste, plus moche que Monterrey, tu meurs. L'air est moite, des choses faites de sueur et de saleté se collent sur la peau. C'est vrai, y a un truc dégueulasse qui se scotche sur soi dès qu'on arrive. C'est un monstre de ville, avec des lumières et des gens qui fourmillent de partout malgré l'heure tardive. On ne sait plus où donner de la tête avec tout leur boucan. On a envie de se tirer au plus vite. Dans une rue où je circule à deux à l'heure rapport aux piétons qui n'en ont rien à foutre des bagnoles, un vieux schnock édenté me hèle, la paume ouverte vers moi :

– *Mezcal, señor ? Mezcal ?*

Je descends la vitre et je baragouine comme je peux. On parlemente un bon moment, le vieil édenté et moi. Je reprends la route dès que j'arrive à m'extirper de l'enfer de Monterrey.

Il est quatre heures du matin quand je me gare devant chez Juan. On ne voit pas grand-chose à part les contours d'une maison sous la lune. Il y a une véranda mais je ne suis pas sûr. Une ombre va et vient. Rapetisse et grandit. Faut que j'atterrisse, je dis tout haut. Entre l'herbe que j'ai fumée et les bières que j'ai avalées, je vois des trucs. Bon, il y a aussi la mescaline que j'ai achetée au petit vieux à Monterrey, j'ai fait semblant d'oublier mais si, j'en ai pris. Ce n'est pas parce que je l'ai avalée en douce que ça n'existe pas. Plus jamais, ai-je si souvent juré à ma mère éplorée. Je l'ai promis à tout un tas de monde, tellement de monde que je ne sais même plus à combien de gens j'ai donné ma parole. Je l'ai juré tant de fois que ça n'a plus de sens. Je rigole comme une hyène. Mon propre rire me fout les jetons.

– Je t'attendais, dit alors une voix.

Une lampe s'allume et je vois Juan sur la véranda. Enfin, si j'hallucine pas.

Ben non, c'est bien lui. Avec ses cheveux bruns emmêlés et son sourire de traviole. Son jean pourri et son éternel T-shirt gris. Ce mec n'a aucun style. Mais il fait craquer qui il veut. Au contraire de moi. À quoi ça tient, on se demande.

– Merci de l'accueil, j'ai failli avoir une attaque, je dis en sortant de ma pink Cadillac.

Juan me rend mon accolade puis me pousse à l'intérieur sans ménagement. J'entre dans un logement genre Far West. Meublé au minimum avec des trucs mexicains bien nuls.

– Appelle maman, elle est morte d'inquiétude.

– Plus tard.

– Maintenant, dit Juan. Et ce que tu cherches n'est pas ici, ajoute-t-il.

Ma corvée téléphonique accomplie, Juan, une cafetière pleine et moi, on s'installe sur la véranda. Le jour se lève, rose et jaune, et j'ai la migraine de ma vie.

– Ce que je cherche n'est pas ici, je dis en répétant les mots de Juan. Je vois de quoi tu parles, je ne suis pas si con tu sais, tu parles du pharc après le naufrage, de la bouée après que la barque a chaviré...

– Ferme-la un peu, gronde Juan. Qu'est-ce que tu as pris ?

– J'ai fumé de l'herbe. Écouté Janis en roulant vite. *Freedom is just another word for nothing left to loose*, je chantonne.

– Et puis ?

– Bu pas mal de bières.

– Et puis ?

Je hausse les épaules.

– Et puis ? insiste-t-il.

C'est pas que je ne veux pas parler, je ne veux pas parler tout haut. Parler tout haut rend les choses réelles et après c'est un bordel pas possible. Tout le monde croit savoir ce qu'on dit alors qu'on a vaguement balancé des trucs comme ça, pour qu'on vous foute la paix. Et c'est parti pour une *cacaphonie* où on ne comprend plus rien à rien. Alors mieux vaut rester prudent, la boucler le plus possible.

Je me sens très bête, très fatigué, très seul.

– Tu sais comment on appelle la mescaline, Juan ? On appelle ça la molécule du paradis. J'ai lu ça sur Internet. J'en ai acheté à Monterrey. À un petit vieux très gentil.

– Tu as eu de la chance. La police mexicaine adore les types comme toi.

Je sais que Juan a parlé à maman. Il sait que je me suis encore tiré de la clinique où on me soigne. Il sait qu'on essaie de me soigner, que je m'enfuis, qu'on me rattrape, qu'on me soigne et que je m'enfuis. On va encore me rattraper, c'est une simple question d'heures.

– À force de m'enfuir, je vais finir par me semer moi-même.

– Y a des chances, dit Juan.

On reste sans parler quelques minutes, puis une heure, maintenant ça fait deux heures qu'on se tait. Je ruisselle de sueur, parfois des frissons me parcourent l'échine, j'ai une sorte de fièvre qui me tord jusqu'au cerveau. Je serre les dents, je m'endors en marmottant. Des serpents étranges m'offrent de la mescaline en rêve. Je me réveille d'un coup, les mains tendues, balbutiant des trucs, l'air con. Juan m'éponge le front et me donne de l'eau.

– C'est tout ce que t'auras.

– Merci quand même. Quelle heure il est ?

– Six heures. Tu as dormi un long moment.

Il roule une cigarette. J'ai la nausée mais j'aime tellement l'odeur du tabac mexicain. Enfin je croyais parce qu'à la première bouffée, je vomis mes tripes.

– Va prendre une douche pendant que je nettoie, dit Juan.

Je passe un temps fou dans une cabine de douche bringuebalante d'où je reviens tout propre.

– Ça y est, je suis frais comme un gardon. Au fait, y a pas d'eau chaude.

– Ce sont des choses qui arrivent par ici, dit Juan.

Le soleil couchant rougit les épis de maïs. On dirait que le ciel agonise sur la terre. C'est assez monstrueux comme paysage. Je me demande pourquoi on s'extasie devant la nature. On devrait plutôt flipper. Elle reste debout et nous on s'allonge pour de bon un jour où l'autre, vaincus par elle. Un doux et long carnage et on perd toujours à la fin.

– Je peux avoir quelque chose à manger ?

Juan revient avec du fromage, du pain, du saucisson. Il me dit qu'Ann-Luz est partie dans les montagnes avec un guide, je raconte mon rêve avec l'âne aux yeux doux et Juan sourit d'un sourire un peu louche.

Même loin du psy arrogant pour drogués et de l'air de martyre de ma mère, mes trouilles préférées reviennent. Les gens autour de moi m'effraient. Ils caquettent sans arrêt. Et trop fort à mon goût. Ils savent tant de choses que je voudrais partir en courant, pour ne pas me mettre à savoir moi aussi. Ça me frappe de réaliser à quel point j'ai envie de fuir tout le temps. J'essaie de rouler une cigarette mais mes mains tremblent trop.

– Putain, tu sais rien faire tout seul, donne, dit Juan.

– Je suis fatigué. Il faut que je souffle.

– Je regrette. C'est pas un endroit pour toi ici. Y a rien. Même Ann-Luz n'a pas pu rester.

– Maman dit qu'Ann-Luz t'a quitté. Que depuis, tu as les yeux doux et le cœur triste.

– Maman a toujours été un poète de seconde zone. J'ai peut-être fait ce qu'il fallait pour qu'Ann-Luz parte.

Je le regarde du coin de l'œil. Il est ni triste ni doux, il est tranquille. Heureux peut-être. Même Ann-Luz n'a pas compté assez. Je suis plutôt admiratif. Et si j'ai bien compris, je vais devoir repartir au volant de ma pink Cadillac.

– Personne ne peut rien pour personne. C'est une chance ou un désastre. À toi de voir, dit-il.

– Non merci. Qu'on choisisse pour moi. Pour ce que ça change de toute façon. Dis, le Mexique ne t'a pas rendu un peu mystique des fois ?

– Arrête ton cirque de petit con prétentieux. Et reste dans ta merde, t'as l'air d'aimer ça.

– Je suis vraiment au bout du rouleau. Vraiment, vraiment. Aide-moi, Juan. *Por favor.*

Je rentre la tête dans les épaules en attendant qu'il s'énerve. Il se lève et m'attrape par le bras pour que je me lève aussi. La tête me tourne, vlan, je m'écroule à moitié.

– Hé, hé, hé, dit-il, ça va aller ? Tu ne vas pas t'évanouir au moins ?

– Je ne suis pas en sucre. Mais tu me tiens, hein ?

– Parce que je fais quoi là ?

Il montre une espèce de cabanon tout pourri à l'autre bout du champ. Je crains soudain le pire.

– Si tu le retapes, tu peux t'y installer. Tu aideras à la récolte après. Je sens que tu vas adorer. T'en profiteras pour réfléchir et garde bien tes réflexions pour toi, je ne suis pas ton psy ni ta mère. À la première connerie, tu repars. Si j'entends seulement le mot *mezcal*, t'es mort. Et tu restes que pour un mois. Pas un jour, pas une heure de plus.

– C'est toi le boss. Un mois, pas un jour, pas une heure de plus. Oh, oh, t'entends ?

– Quoi ?

– La musique hollywoodienne de mon futur biopic, *Autant en emporte le maïs.* Tan tan, tan.

– Imbécile. Je descends au village, j'ai des gens à voir. Si tu veux dormir, prends le canapé. À plus tard, Scarlett.

Je m'effondre sur le fauteuil en me demandant ce que je viens de faire. Perdre la tête sans doute. Retaper un cabanon. Bosser dans les champs. J'ai plus qu'à dealer du maïs. Merde.

Je ramasse un charmant châle mexicain qui traîne. Un vestige d'Ann-Luz sans doute. Je m'enroule dedans en frissonnant. J'avance vers ma pink Cadillac en chuchotant :

– Hé, pink, pink pink, tu dors ? … Le prends pas mal, on est coincés à Cielo Perdido… mais non, juste un mois… histoire de souffler, tu vois ? … Ben oui, je sais… t'en fais pas, si ça craint trop, on s'enfuit.

Ma sœur Anne

Jérôme Lambert

Je sors de la tente et je m'étire.

L'air est froid, vif, presque glacé, une morsure piquante qui saisit la peau et file la chair de poule.

Même le soleil a l'air givré.

Un vent à peine tiède vient me caresser les côtes, se glisse sous mes aisselles et repart déjà.

La chaleur revient d'elle-même petit à petit, elle gagne chaque partie en ondes croissantes. Les membres, le visage, les tendons et les muscles. J'enfile un T-shirt et je laisse mon corps se réchauffer tout seul pendant que je découvre les alentours du regard.

Le champ devant nous, les clôtures électrifiées, le ruisseau que nous avons franchi la veille, le vert vif qui dort encore tout autour, peut-être quelques mouvements furtifs d'animaux ou d'insectes, des frôlements d'oiseaux frileux.

La ville est loin et à cette heure-ci les parents doivent encore dormir.

J'entends Anne qui s'affaire dans la canadienne vert pomme, ouvre la fermeture à glissière et sa tête émerge brusquement comme un lutin entre deux fougères, comme une fée encore froissée de sommeil. Elle me sourit mais ne dit rien. Elle est plus belle qu'à la maison, plus reposée, presque rose aux joues. Les parents seraient heureux de la voir. Mais ils ne sont pas là et c'est tant mieux.

– Prête ?

Elle hoche la tête d'un air de vaillant petit soldat.

Nous replions la tente, je l'aide à mettre son sac sur le dos, elle m'aide à son tour et nous prenons la route.

J'ouvre la marche puis Anne passera devant pour l'escalade. Cette ascension, c'est notre but, c'est le Graal du jour. On n'attend que ça depuis le début et l'excitation trépigne sous ma peau.

Je regarde droit devant moi. J'imagine la route que nous emprunterons et qui se cache encore. Je l'imagine au loin. J'ai l'impression de la connaître déjà ; ses arbres, ses fossés, ses ronces et ses baies sur le bord, ses vols de bourdons autour de nos têtes et sa lavande. Sa fatigue aussi.

Je me retourne une dernière fois sur Anne qui sourit toujours. Ses yeux brillent et je m'y accroche. Comme d'habitude. Ses deux petites balises turquoise planquées sous ses cils de biche me disent que je ne crains rien. Quand je sens son regard sur moi, je suis en CE1 et rien ne m'effraie. Ma sœur a tous les pouvoirs.

Au bout d'une dizaine de mètres, nous ne marchons déjà plus sur l'herbe. Je ne sens plus sa résistance moelleuse sous mes pieds, je n'entends plus son crissement, cet air qu'elle fredonne de tous ses brins quand on la piétine et auquel on ne prête attention que lorsqu'il cesse, comme on oublie combien vous manquent les mains d'une mère quand elle est loin et qu'on se croit grand.

Plus d'herbe donc et voici le chemin et ses anfractuosités minuscules, le chemin et ses aspérités, le chemin et son bruit, le chemin qui bientôt nous aveuglera de blanc, de craie, de beige mat et implacable, inchangé, métronomique.

Hier, nous nous sommes arrêtés à huit heures du soir. Nous avons marché tard, c'était étrange, c'était inquiétant et joyeux, nous glissions comme deux passagers clandestins osant à peine se faufiler. De peur de réveiller les animaux des contes ? De peur d'être pris pour du gibier ? Parce que c'était le décor idéal pour un serial killer ? Toujours est-il que cette frayeur nous a finalement fait du bien et quand j'y pense maintenant en souriant, c'est déjà un souvenir. Mais je sais que sans la présence de ma sœur on m'aurait trouvé au petit matin, recroquevillé au pied d'un arbre, mort de trouille depuis longtemps. Pourtant elle n'a rien dit. Elle s'est contentée de sourire et d'orienter la lampe torche aux bons endroits. Sens pratique et bienveillance de grande sœur.

Nous nous sommes arrêtés épuisés mais soulagés d'avoir franchi le fleuve avant la nuit comme prévu dans notre itinéraire. Nous avons allumé un feu et déplié les duvets. Leur odeur m'a rappelé les campings en bord de mer, les mobile-homes et les nuits blanches à nous raconter nos histoires d'amour, nos copains, nos ennemis, nos projets d'avenir et nos mondes secrets. M'a rappelé les vacances à quatre. M'a rappelé le temps où ma sœur parlait.

À cet instant, seule une lumière orangée et fantastique éclairait son visage et elle n'ouvrait pas la bouche. Elle ne tremblait plus, mais son corps tout entier semblait pris d'assaut par des frissons inattendus et incontrôlables.

Elle ne me regardait pas. Elle regardait les flammes et semblait y voir autre chose. Beaucoup plus que des flammes, son feu à elle.

Je n'ai rien dit, persuadé que ce n'était pas le moment et que, pour une fois, il ne serait pas plus mal que je me la ferme. Une intuition de frère.

Anne ne parlait plus depuis un an. Exactement un an d'ailleurs, me suis-je dit en la voyant triturer les bûches rougeoyantes et craquelées avec un morceau de bois.

Si j'avais eu un peu plus de courage, si je n'avais pas eu peur de me prendre un râteau par ma grande sœur, j'aurais fait le malin, j'aurais raconté des blagues, je lui aurais dit qu'elle allait se brûler à force de mater les flammes qui léchaient ses cheveux, qu'elle allait encore s'attirer des ennuis et foutre le feu comme d'habitude. Si j'avais eu le courage qui me manque toujours, j'aurais même pu blaguer sur cette année de silence, sur son putain de mutisme en béton armé qui nous enferme depuis douze mois, qui a fait de l'appartement une cage où chacun rôde et se tourne autour en frôlant les meubles et en rasant les murs. Son silence dont je soupçonne l'origine et que les parents s'obstinent à prendre pour un caprice, une lubie d'ado ou un pari perdu avec sa meilleure amie Stella.

Ce qu'ils sont cons.

Ce qu'ils manquent d'imagination. Ou de cœur.

La veille des vacances, il y a trois jours, Anne est entrée dans ma chambre et m'a tendu une enveloppe. Dans les plis du papier crème et épais, il y avait deux billets de train et une carte routière imprimée. J'ai tout de suite compris que c'était important, que je devais dire oui, que c'était la première fois qu'elle manifestait l'envie de faire quelque chose depuis des mois et qu'il fallait la suivre n'importe où.

J'ai levé les yeux vers elle en répondant à son sourire, je lui ai dit qu'elle était dingue et elle m'a balancé mon oreiller à la gueule.

Le pacte était signé.

*

Nous ne nous parlons pas. Nous marchons dans le matin.

Le bruit des pas de l'un accompagne l'autre et lui donne du courage. Si le pas a été fait avant moi, je peux le faire à mon tour, telle est la phrase que mon ombre prononce et que celle d'Anne capte à chaque foulée.

Un lien puissant nous unit en randonnée, redoublant celui du sang. Je sais qu'Anne ne me lâchera pas et c'est plus fort qu'une cordée entre nous. Ce n'est pas de la solidarité, ce n'est pas de la confiance, ce n'est pas un truc qu'on peut nommer, je crois. Je laisse la télépathie aux séries de vampires ou aux livres de fantasy, parce qu'on partage plus que ça. On sait. L'un se dit que cette fleur violette plaira à l'autre. L'autre sait que l'une a dû sentir avec plaisir l'odeur forte des écuries sur la droite. C'est un dialogue qui ne sera jamais commenté par la suite. Je sais qu'Anne aime le chèvrefeuille et je souris en le frôlant. Elle connaît ma tendresse parfois niaise pour les amandiers et doit sourire elle aussi en posant les yeux sur leurs feuilles de velours. C'est tout. Et que les jaloux se taisent ou nous prennent en photo.

Mais attention, ça ne marche pas à tous les coups. J'aurais pu tomber sur une sœur en dessous de tout. La fraternité ne met pas à l'abri de la médiocrité. Ça se saurait. Non, c'est parce que c'est Anne, c'est parce que c'est moi.

Il commence à faire chaud. Nous avons marché plus longtemps que prévu avant d'arriver au passage en côte. L'ascension sera pour dans une heure. Pour le moment, nous adaptons nos corps à un rythme différent, nous prenons appui sur nos pieds un peu plus lourdement et nos pouces sont fermement calés sous les bretelles de nos sacs. Nous ne pouvons que regarder le sol, nos chaussures, les graviers, le sol beige et poudreux et l'herbe rase qui parfois s'y faufile maigrement. Des gouttes de sueur coulent sur mon front, passent mes sourcils et finissent sur mes paupières. D'autres glissent de mes tempes à ma bouche que je tiens fermée à cause de la poussière. La langue collée au palais, je respire régulièrement par le nez et je chante toujours le même refrain. Un refrain que ma mère chantonne elle-même en discontinu, qu'elle soit heureuse, lasse ou occupée concentrée. Une histoire de châtelaine, de fontaine dans la plaine où coule un ruisseau. Je n'ai jamais compris exactement ce qui se passait dans cette chanson ni d'ailleurs comment elle se termine, mais je sais qu'elle me fait du bien. Comme un vieux truc d'enfance dont je n'ai même pas honte.

J'ai faim. Mais Anne a décidé qu'on ne s'arrêterait qu'après les sept kilomètres de montée. Selon la carte, il y a, à cet endroit, une clairière reculée à cinq minutes à l'est du chemin. Nous nous y installerons pour déjeuner et nous reposer. Il sera midi et demi. Elle m'a fait comprendre tout ça avec ses yeux, ses mains, sa montre, sa carte et ses sourcils froncés. Je n'ai pas bronché. Là aussi j'ai senti qu'elle voulait avoir les cartes en main, que son plan devait se dérouler à la perfection et que rien ne devait venir l'enrayer.

Pour le moment, tête basse, je continue d'apprivoiser la lenteur. « Apprivoiser la lenteur, c'est ne plus avoir peur de la mort, avait dit un jour Mme Lacaze en cours de français. Vous verrez, c'est un sentiment extraordinairement apaisant. Je vous invite à marcher lentement, à parler lentement, à manger lentement, à embrasser lentement », avait-elle continué sans se laisser démonter par les rires idiots qui commençaient à éclater dans la salle de cours. « Chaque seconde s'offre avec beaucoup plus de goût et de plaisir. S'il fallait encore vous convaincre, j'ajouterais que c'est absolument gratuit. Le temps ne passe pas trop vite, c'est nous qui faisons souvent des choix vains et gâchons ainsi nos heures. »

Cette recette contre la mort m'avait marqué et je la garde encore aujourd'hui comme un talisman.

En revanche, Mme Lacaze ne conçoit pas qu'on arrive en retard à son cours. Comme quoi la lenteur est relative.

Je ne sais pas comment ma sœur occupe le temps de la marche de son côté. Récite-t-elle des poèmes ? Pense-t-elle au but de la journée ? Au lycée ? Aux parents ? À Tim ? Peut-être parvient-elle à ne penser à rien, à n'être qu'une des respirations du chemin ? Je ne suis pas sûr qu'elle soit attachée à la chanson de notre mère comme je le suis, mais j'aimerais la lui fredonner un jour, au plus fort de l'épuisement. Je suis sûr qu'un tel souffle l'aiderait. Mais Anne n'a pas besoin de mon aide.

L'aridité de la terre poudreuse, le soleil qui brûle mon crâne, la sueur encore qui ne cesse de goutter et ma tête baissée sous un joug imaginaire. Le col de mon T-shirt est entouré d'une auréole sombre et je le sens collé contre mon torse. Je ferme les yeux pour oublier que nous ne sommes pas encore arrivés ; espérant secrètement pouvoir poser sac et carcasse à terre le plus vite possible. Je marche mécaniquement et le plaisir a disparu.

Quand Tim l'a quittée, Anne s'est coupé les cordes vocales. Enfin, elle n'a pas fait ça à coups de bistouri, hein, c'est une image. Mais le résultat est le même. Du jour au lendemain, elle n'a plus adressé la parole à personne, aucun son n'est sorti de sa bouche et tout est passé par ses yeux. Tout ce qu'elle a accepté de laisser voir de son chagrin en tout cas.

Nos parents ont bien vu que quelque chose clochait. C'est mon père qui a utilisé ce mot. « Y a un truc qui cloche avec Anne », a-t-il confié à ma mère un soir au salon, croyant que j'étais au lit ou sorti. « Un truc qui cloche ». Je ne vois pas ce qu'on aurait pu trouver de plus insultant, de moins aimant pour décrire le bouleversement qu'était en train de vivre ma sœur. Quand on se fait plaquer par celui qu'on croyait être l'amour de toute une vie, quand on sait qu'on ne connaîtra plus jamais ses bras ni ses poignets, que l'odeur de ses cheveux nous est à jamais confisquée, que les musiques sur lesquelles on s'était embrassés sont marquées au fer rouge et nous arracheront des larmes jusqu'à la fin de nos jours, qu'on se mord les joues quand résonne son prénom et que le monde qu'on s'était tant plu à maudire ensemble ne serait plus désormais qu'un vaste champ de bataille fait de rage, de tristesse et de colère à affronter seule, quand on se prend tout ça dans la gueule par SMS et qu'on ne peut rien y changer, que peut-on faire à part se taire ?

Se taire encore et toujours comme le fait Anne depuis un an, comme elle l'a fait hier soir devant notre feu de camp.

Son mutisme l'a rendue encore plus belle mais hors de question de le lui dire. J'ai parlé pour deux, j'ai chantonné, je l'ai fait sourire.

Je n'ai pas parlé de Tim, je ne lui ai pas dit

que j'avais deviné. Je la laisse croire à son propre mystère. Ce mystère qui, pour la première fois, a creusé un silence entre nous, un mur de tabous, un fossé de secrets. Je ne pensais pas que ça nous arriverait un jour, pas si tôt.

Nous y sommes.

La clairière, le tapis de sous-bois, les arbres frais qui apaisent nos peaux fatiguées de chaleur, les odeurs d'humus familières et violentes qui nous parviennent de l'autre côté des frondaisons, les murmures des insectes.

Je m'effondre enfin.

Anne trouve la force de rester debout quelques instants pour contempler les rideaux vert sombre autour de nous. Elle vérifie que nous sommes en sécurité puis laisse tomber son sac et s'allonge à son tour. La tête contre le sol, je sens l'herbe autour de mon visage, j'y vois des insectes s'affairer. Les bras en croix, je saisis une poignée de verdure qui laisse un jus éclatant entre mes doigts, je tourne la tête vers la droite, je suis à ras du sol et les fleurs me dépassent, blanches et mauves, leurs têtes balancent mollement sur des tiges tendres qu'un rien pourrait détruire. Je me sens bien et je flotte sur la mousse et je ferme les yeux.

Au bord de la mare, je contemple avec une grande concentration deux libellules en train de s'accoupler, formant une créature vibrante et double, une fée violette et bleue. « Ne reste pas si près du bord, Vincent. Viens voir maman, allez ! » Sa tête est au-dessus de moi et je suis enlevé du sol par deux mains fraîches sous mes aisselles. « Viens là ! » Elle me porte dans ses bras, je vois par-dessus son épaule et à travers ses cheveux clairs la mare s'éloigner. Les libellules ont disparu.

Quand je me réveille, Anne est en train de suçoter du chèvrefeuille. Des pétales gisent devant ses jambes croisées en tailleur. Elle se tourne vers moi, sourit et me tend le bout sucré et sirupeux d'un pistil que je fais glisser entre mes lèvres. La goutte de nectar agit dans ma bouche comme un réveil. Elle a réussi son coup et se lève en frottant l'arrière de son bermuda.

Quelque chose a changé dans son sourire et j'ai cru un instant qu'elle allait me dire quelque chose. Mais non.

Nous laissons derrière nous nos cœurs tendres sur l'herbe verte, la sieste et le chèvrefeuille, les insectes au bord de mes cils, les libellules et les fourmis dans nos jambes.

Je sais que je risque de tout gâcher, qu'elle sera sans doute furieuse contre moi, mais si je ne lui demande pas ici et maintenant, je ne le ferai jamais. Ici nous sommes nulle part et ce qui se dit ou se fait n'existera pas quand nous rentrerons. Au pire elle me fout une baffe ? Non, au pire elle me regarde sans desserrer les lèvres.

– Tu es venu là pour l'oublier ?

Elle me fusille du regard. Pas un mot.

– Tu crois que tu peux mettre des kilomètres entre Tim et toi et que ça va marcher comme ça ? Tu crois que le vent de la montagne et les odeurs de lavande vont te laver la tête et effacer le souvenir de Tim de ton cerveau ?

Je ne sais pas ce qui me prend ni d'où sortent ces mots, mais ça part tout seul, ça se déverse et me fait un bien fou. Ma poitrine s'allège.

Je hurle et je n'entends même pas l'écho de ma voix qui doit pourtant donner :

– Et moi, alors ? Et moi tu crois pas que j'ai l'impression d'avoir perdu ma sœur à cause de ce connard ? Tu te dis pas que ça fait un an que je peux plus rien partager avec toi et que ça me fout des nœuds parce que je me sens seul ? Ta voix me manque, Anne. Tu me manques et tu fais chier. Reviens-moi. Ce mec ne mérite pas que tu t'arrêtes d'exister pour lui, moi je paie aussi et j'ai que toi.

Les mots s'arrêtent comme ils étaient venus. D'un seul coup et juste au bord des larmes. Et je me sens con.

Je tourne les talons parce que la tête me tourne d'avoir tant crié.

Je ne pivote même pas pour regarder Anne,

je marche d'un pas rapide jusqu'au pied de la falaise qu'on doit escalader.

On est au pied du mur.

Dans l'escalade, on est aussi responsable de l'autre que de soi. Peut-être même un peu plus en ce qui nous concerne. On ouvre les yeux pour deux, on dresse l'oreille pour deux, on vérifie ses prises pour deux, on vit pour deux. Anne ouvre la voie, me signale sans mot dire les meilleurs trous de la roche et j'observe où elle cale ses pieds. Quant à moi, en plus de ma propre ascension, je garde à l'esprit qu'Anne peut tomber à tout instant. Pas une fois, je ne me suis retrouvé dans cette situation sans m'imaginer la catastrophe. Son corps qui lâche.

Je repense à ce que je lui ai hurlé et j'entends mon sang qui bat contre mes tempes.

Des gravats et des morceaux de terre sèche me tombent sur le sommet du crâne. J'ai bien fait de me couper les cheveux ras avant de partir. Je baisse la tête pour ne pas tout prendre dans les yeux, je sais qu'Anne ne peut pas faire autrement.

Faut que je tienne, faut que je tienne.

Enfin je sens une lumière soudaine au-dessus de moi, un dégagement qui éblouit : Anne vient de franchir les derniers mètres de montée et se tient debout sur le plateau. Je relève la tête et me laisse happer par le soleil. J'agrippe le rebord et me hisse prudemment aux côtés de ma sœur et je reviens à la vie en aspirant une large goulée d'air frais.

Et puis la brûlure, l'explosion des tissus, des muscles et du sang. Ma cage thoracique qui gonfle malgré moi et le paysage qui bascule. Je sens qu'une limite est franchie, qu'un trop-plein m'a envahi.

Après c'est noir et silencieux.

Je suis trempé. C'est cette sensation qui me réveille, comme si j'avais pissé au lit. Je suis brûlant et ma sueur déjà glacée plaque le coton sur ma peau. Je suis sur le dos. J'appelle mes frères à tout hasard. Je prononce leurs prénoms dans un ordre précis mais selon une logique qui, pour l'instant, m'échappe : Clément ? Ben ? Bart' ? Ah non, je n'ai pas de frères. Je ne comprends rien. Je me demande si ma mère est là. Maman ? J'appellerai cette femme maman jusqu'à la fin de ma vie. Je serai toujours son fils, même à un âge avancé. Tant qu'elle sera vivante. Après aussi sans doute. Oui, c'est bien elle qui soutient ma nuque et passe une main fraîche – et mouillée ? – sur mon front. Je pourrais ouvrir les yeux, j'ai assez de force. Mais je choisis de me laisser caresser et bercer.

Elle glisse son bras derrière mes épaules et me redresse. Je suis adossé à ses cuisses, mes bras et mes jambes se déploient de toute leur longueur. J'ouvre les yeux. Je n'y arrive pas. Je ne contrôle pas l'ouverture de mes yeux ? Je ne peux pas décider. Commander à mes nerfs, à mes muscles, ouvrir mes paupières et laisser la lumière m'envahir ?

Elle le sent, le devine. Elle me sent partir. Je reçois des tapes sur les joues. Je comprends assez vite qu'il s'agit de véritables gifles mais que j'étais trop loin pour percevoir la force des premières qui n'ont servi qu'à me sortir de ma torpeur. Les suivantes tentent de me réveiller, de me ramener au réel. C'est un mot qui me fait ouvrir les yeux. Un mot anormalement violent dans la bouche de ma mère.

– PUTAIN !

Ma mère peut dire : « Vincent, réveille-toi ! Allez, plus vite que ça ! Vin-cent ! Tu m'entends ? » Elle peut me gifler, me croire mort et hurler comme une dingue, mais elle ne peut pas dire « Putain ». C'est impossible.

Ce n'est donc pas ma mère.

Je ne connais qu'une personne qui ponctue à ce point ses phrases à coups de « Putain ».

Qui les ponctuait.

– Ah quand même ! C'est long les siestes chez toi, putain. T'inquiète pas, tu fais une jolie crise d'hypoglycémie. Heureusement que tu étais loin du bord. Viens on va manger, mon vieux. Heureusement que j'ai pris du sucre, putain !

Anne sourit au-dessus de moi.
Anne se fout de ma gueule.
Anne parle et c'est tout ce qui compte.

On a un an à rattraper et toute la montagne devant nous.

La randonnée du 15 août

Véronique M. Le Normand

L'idée même de la randonnée constituait une torture pour Antoine. Se lever avant le soleil, lui qui avait tellement de mal à sortir de son lit, grimper par des chemins escarpés pleins de caillasse, mettre un pied devant l'autre, quel ennui ! Chaque année à la fin du week-end, Antoine jurait que c'était la dernière fois, mais lorsque sa mère l'appelait en juillet pour lui rappeler le rendez-vous d'août, il était incapable de dire qu'il n'en serait pas.

On annonça l'entrée en gare du TGV. Antoine attrapa son sac, et remonta le quai. Au loin, il reconnut la silhouette de sa sœur, menue et bronzée. Quand il était petit, il était très amoureux d'elle. Et avec ses deux ans de plus, elle faisait ce qu'elle voulait de lui. Le soir, elle lui racontait des histoires de loup ou de sorcière et, terrifié, il sautait se réfugier dans son lit. Il adorait toucher ses cheveux blonds et frisés. Elle, ça l'énervait toujours un peu. Antoine embrassa tendrement Astrid, elle avait la même odeur que sa nouvelle fiancée, Marina.

– La randonnée est annulée, annonça Astrid en ouvrant le hayon de la Toyota.

– Quoi ?!!!

– Maman est tombée d'un escabeau, elle s'est luxé le genoux.

– Quand ?

– Ce matin.

– Fallait me prévenir !

– Tu ne serais pas venu ?

Antoine accrocha sa ceinture de sécurité. Surtout ne pas répondre à la provocation ! Colette était à l'hôpital, André restait près d'elle. Les frères et sœurs passeraient la soirée à Charose. La conversation dériva sur les vies des uns et des autres. À la scierie, Alexandre allait être obligé de licencier à cause de la crise. Amélie avait du mal à faire un deuxième enfant. Astrid cherchait un terrain à acheter pour construire la maison de ses rêves, complètement écologique.

Après le péage, Astrid lança :

– Tu ne me demandes pas des nouvelles des filles ?

Antoine fronça les sourcils. De quelles filles parlait-elle ? Ah mais oui, ses filles, ses petits trésors, Léa et Manon. Bordel de merde ! C'était lui le parrain, c'était quand leur anniversaire déjà ?

– Comment vont mes adorables filleules ?

– Elles sont dans le Midi pour une semaine, chez leur marraine.

La marraine, elle, s'occupait de ses filleules. Astrid avait tenu à ce qu'il soit le parrain de ses jumelles et il n'avait pas pu refuser. Sa mère lui avait dit « Ça porte malheur » – Colette était superstitieuse pour toute la famille. Antoine revit encore sa mère affirmant que l'oncle Édouard n'avait pas pu avoir d'enfant avec la tante Héloïse, simplement parce qu'il avait refusé d'être parrain dans la famille de sa sœur Solange. Être parrain de jumelles assurerait à Antoine un sacré potentiel de paternité !

Pourquoi éprouvait-il toujours un serrement au cœur en approchant de la maison ? C'était pourtant une belle et grande maison, qui respirait l'ordre et le bonheur. Il franchit l'entrée, son sac à la main, suivi d'Astrid, un cageot de courses dans les bras, qui claironna :

– C'est nous ! Titite et Toine !

C'était la première fois qu'il retrouvait la maison sans ses parents. Tout naturellement, Amélie tenait la place de Colette à la cuisine, et Alexandre celle d'André, s'occupant des apéritifs.

– Tu as une petite mine ! observa Mel. Il est temps que tu reviennes au bercail.

– Oh là ! Mais qu'est-ce qui t'est arrivé ? demanda Alex devant la veste déchirée d'Antoine. Tu t'es encore battu ?

Antoine croisa le regard de Sophie, sa belle-sœur, qui rajouta :

– J'avais tellement peur que Nohé te ressemble ! Mais non, il est doux comme un agneau.

Antoine monta dans sa chambre. Ce n'était plus sa chambre. Elle avait été transformée en nursery. Sophie, qui l'avait suivi, lui désigna l'ancienne chambre de grand-mère, avec sa tapisserie fanée, sa commode Louis XV et son crucifix. Antoine se laissa tomber sur le piqué à fleurs, et avec l'odeur de la naphtaline, une bouffée de rage lui remplit les narines. « Tu t'es encore battu », avait dit Alexandre, en remarquant la déchirure de sa veste. Le vêtement était resté coincé dans la portière du taxi, il avait tiré un peu fort et la poche s'était déchirée. Il ne s'était plus jamais battu depuis son seizième anniversaire, mais pour Alexandre, il resterait à jamais ce petit branleur colérique qui sortait les poings pour un rien. Son frère aîné avait l'art de le plaquer contre un mur, le mur de ses quatorze ans. Cette époque où il se sentait si mal dans sa peau, qu'il ne trouvait jamais les mots pour s'expliquer, se justifier ou dire qui il était. Ce que son frère venait de réveiller en lui, c'était ces moments douloureux où, acculé, Antoine ne pouvait plus rien faire d'autre que cogner. À l'aube de ses seize ans, il avait cogné un peu trop fort, il ne savait même plus quelle avait été la raison du combat, mais il avait envoyé son frère au tapis et il avait failli le blesser gravement. Ce jour-là, sa vie avait changé. Antoine avait changé. Il avait juré de ne plus jamais s'attaquer à personne et il avait tenu parole. Il s'était concentré sur ses études, et il était devenu un rat de bibliothèque. Pour ceux qui faisaient sa connaissance maintenant, il apparaissait comme un être particulièrement doux, qui ne se mettait jamais en colère. Mais pour Alexandre, sa femme et ses enfants, il resterait Antoine, *le violent.* Cette façon que son frère avait de lui rappeler ça, aussitôt qu'ils se voyaient, le mettait sens dessus dessous.

Le week-end allait être très long ! Très très long ! Il pensa à Marina. Ils venaient de se rencontrer, et la bonne image qu'elle lui renvoyait de lui-même lui donnait tous les courages. Antoine ôta sa veste et la mit sur un cintre. Lorsqu'il redescendit, les uns et les autres étaient au téléphone avec Colette qui décrivait la pitance qu'on lui avait servie à l'hôpital.

– Je t'embrasse maman, je te passe *ton-quatrième*, dit Amélie en tendant le combiné à Antoine.

« C'est *monquatrième*, clamait souvent Colette, celui-ci n'est pas tout à fait du même moule que les trois premiers. » Et quand il entendait ça, Antoine comprenait qu'il n'était pas tout à fait normal. Pas tout à fait normal et donc, pas tout à fait aimé. Alors que pour ses frère et sœurs, au contraire, il était le petit dernier, le préféré, le chouchou à qui on passait tout.

Antoine rejoignit toute la famille à table et s'installa à la place du père. Alexandre, qui revenait de la cave avec des bouteilles, tiqua. On trinqua à Colette et à André. Puis on se remémora ces fameuses randonnées du 15 août. Un rituel familial qui durait depuis qu'Antoine pouvait marcher. La joyeuse complicité des frères et sœurs fit rêver Sophie, Cédric, et les petits.

– Vous vous souvenez de l'année où on a été attaqués par des guêpes ?

– La tête d'Amélie ! Elle avait fait un œdème. On aurait dit Frankenstein. N'empêche qu'on a eu peur. Après ça, maman n'a jamais plus oublié l'Aspivenin.

– Et la fois où papa a failli tuer maman, dans *la bavante*. En glissant, papa a fait voler un caillou qui aurait atteint maman à la tempe, si je n'avais pas eu le bon réflexe, en l'écartant de quelques millimètres.

– Et quand on était sur ce plateau complètement désertique, et qu'il s'est mis à pleuvoir des cordes. Pour nous abriter, papa a fait une sorte de campement avec les couvertures de survie.

– Vous vous souvenez quand les parents nous apprenaient à reconnaître la flore ?

– Et à observer les marmottes, avec leurs petits appartements à terrasses, dans la terre jaune.

– Moi, je me souviendrai toujours quand le garde forestier nous a montré les traces de loup. J'étais dans un état !

– Et quand on a trouvé un agneau blessé. On l'a emmené au berger qui lisait *À la recherche du temps perdu*. Comme il était désespéré parce qu'il arrivait à la fin, papa et moi, on est revenus quelques jours plus tard avec un sac de livres.

– Maman rapportait toujours des cailloux pour sa collection. Quand elle en trouvait un beau, elle nous demandait de le glisser en douce dans le sac à dos de papa, qui s'étonnait toujours que son sac soit plus lourd au retour.

– Il voulait toujours prendre des raccourcis, et maman et lui se disputaient parce qu'elle lui rappelait le raccourci de l'année précédente qui nous avait fait marcher deux heures de plus.

– Vous vous souvenez la fois où le brouillard est tombé et qu'on ne trouvait plus le chemin ?

– Ce jour-là, ils nous ont appris à faire un feu.

– Si on la faisait quand même, cette randonnée ! lança Astrid dans l'enthousiasme.

– Il n'y a qu'à remplir les sacs ! ajouta Amélie.

– J'ai l'itinéraire choisi par papa, confirma Alexandre.

– Vous n'y pensez pas ! ponctua Antoine. Pas sans eux. Ce serait une trahison !

Les trois aînés fixèrent le benjamin.

– Une trahison ! clama Amélie. Ça va pas.

– Pour maman, c'est tellement important, ce rituel ! dit Astrid.

– Et on va la faire ! trancha Alexandre. Pour eux !

– Ce sera sans moi ! répliqua Antoine. Demain, je passe la journée avec maman.

– *Je passe la journée avec maman*, marmonna Alexandre.

Était-ce l'effet des liqueurs qu'on avait sorties en fin de repas ? L'ambiance s'assombrit d'un coup, l'air s'électrisa, les fumeurs fumèrent. Antoine se leva pour aller chercher de l'eau. En prenant immédiatement la place laissée libre en bout de table, Alexandre aboya :

– Tu crois que tu vas t'en tirer comme ça ?

– Qu'est-ce que j'ai fait ?

– Rien. Tu ne fais rien. Tu ne fais jamais rien. C'est bien ça le problème.

– S'il n'y avait pas la randonnée du 15 août, on ne te verrait jamais, dit Amélie.

– J'étais là à Noël.

Les trois aînés encerclèrent leur petit frère.

– Tu étais là quand la tempête a ravagé le terrain et que le frêne est tombé sur la maison, qu'il a fallu tout dégager à la tronçonneuse ?

– Tu étais là quand papa a eu son cancer, qu'il fallait l'accompagner à sa chimio ?

– Tu étais là quand grand-mère faisait des fugues, au début de son Alzheimer ?

Ça pleuvait de tous les côtés.

– Ce n'est pas de ma faute, si vous avez décidé de rester vivre à côté d'eux.

– J'habite à cinq cents kilomètres, plaça Amélie. Ça ne m'empêche pas de venir quand il y a un coup dur.

– Écoutez-le ! lança Alexandre fou de rage. Sache, mon petit pote, que si tu peux glander à Paris, à trente ans passés, c'est bien parce que je fais tourner la scierie.

– Je ne glande pas.

– C'est quoi ton métier ?

Antoine multipliait les petits boulots pas toujours glorieux. C'était vrai que la rente qui lui provenait de l'entreprise familiale l'aidait bien. Il voulait faire du cinéma. Bref, il n'était pas des leurs.

– J'ai toujours été de trop dans cette famille.

– Ça, c'est la meilleure ! À partir du moment où tu es apparu, il n'y en a plus eu que pour toi. Toi, toi, toi !

La rancœur se concentra comme un nuage noir au-dessus de la table de la salle à manger.

– Tu veux que je te dise ! Tu es jaloux, Alex ! Ce n'est pourtant pas de ma faute si je suis venu au monde après toi.

– Pas de ta faute ! C'est jamais de ta faute. Voilà tout ce que tu as toujours su dire. Tu nous la joues martyr, victime, ce *pauvre petit* Toine ! Au fond de toi tu es un prédateur, un égoïste, un hypocrite !

Le dossier était épais.

Parmi les principaux faits qui lui étaient reprochés, Astrid rappela l'affaire Barbie. Antoine avait quatre ans, elle en avait sept. Elle était partie une semaine en vacances chez sa marraine. Quand elle était revenue, ses poupées avaient disparu. Antoine les avait enterrées, pour faire un cimetière, avait-il expliqué. Elle lui en avait voulu à mort, elle lui en voulait toujours.

À cause de lui, Amélie avait raté sa vie. Il avait dix ans, Amélie dix-huit. Elle lui avait donné une lettre d'amour à remettre à Julien, qui habitait de l'autre côté du village. Il s'était assis sur le pont au-dessus de la rivière, il avait ouvert l'enveloppe, il avait déchiré la feuille en petits morceaux, et il l'avait jetée à l'eau, il n'aimait pas Julien.

À cause de lui, Alexandre avait perdu la confiance de son père. Antoine avait sept ans, Alex dix-sept. Quand il avait vu son frère aîné profiter de l'absence de ses parents et prendre la voiture alors qu'il n'avait pas son permis, Antoine s'était empressé de le dénoncer. Alexandre avait reçu la raclée du siècle.

Un éclair cisailla la nuit. Ça tonnait au loin sur les montagnes. La pluie se mit à tomber. Les uns et les autres, fatigués par la soirée, se retirèrent dans leur chambre. Antoine resta un moment dans le salon. Il n'avait rien trouvé à dire pour se défendre, il avait été acculé par ses frère et sœurs, et la violence montait en lui comme lorsqu'il avait quatorze ans. Ils avaient l'art de réveiller la bête qui sommeillait en lui. Il avait envie de fuir. Ne plus jamais ressentir ça. Pour se calmer, il pensa à Marina. Elle lui manquait atrocement. *Imagine, tu les as peut-être choisis !* Les mots de Marina flottaient dans sa tête. Lui Antoine, si sensible, choisir cette brute d'Alex pour frère. Lui, Antoine, si fantaisiste et si désintéressé, choisir pour sœurs : Amélie, une fille totalement dépourvue d'imagination, et Astrid, avec un tiroir-caisse à la place du cœur. Non ! Il ne les avait pas choisis. Il avait choisi Marina, une fille qui avait de drôles d'idées sur tout.

Antoine aurait voulu parler à Marina, nicher dans le son de sa voix, se laisser bercer par son rire. Le soir où il lui avait raconté son enfance, à chaque méfait, elle s'était exclamée :

– Tu es un monstre ! J'aime un monstre.

Puis, elle avait déclaré :

– Je sens que je vais les adorer.

– Ils sont tellement pas mon genre, je ne sais pas si j'oserai te les présenter un jour, avait lâché Antoine.

Et tout en le bécotant, Marina avait murmuré :

– Tu exagères !

– Tu as beau jeu de dire ça, tu es fille unique !

Le ciel se dégagea le lendemain vers midi. André appela pour annoncer qu'il ramenait Colette. Toute la maisonnée s'activa. On aéra, on briqua, on mit des fleurs dans les vases. On installa Colette sur le canapé et on pique-niqua autour d'elle. Comme d'habitude, il y avait un foie gras rapporté par Amélie, la célèbre salade de pâtes façon Colette, de la tomme de brebis fournie par Alexandre, et le sablé d'Astrid. Le tout arrosé d'un bon bordeaux, sélectionné par André. Colette raconta par le menu la chute de l'escabeau alors qu'elle cherchait une thermos dans un placard, son transport à l'hôpital, et les moindres détails de son séjour là-bas. Les enfants et les petits-enfants s'amusèrent tout l'après-midi. Les filles jouèrent au Scrabble avec leur mère, les garçons aux boules avec leur père. À l'heure du thé, André sortit les albums de photos.

Colette s'arrêta devant un cliché d'Alexandre tenant Antoine bébé dans ses bras.

– Toine avait deux jours, et Alex l'avait lancé en l'air en criant : « Il est pas lourd, maman. » J'avais eu peur ! Alex avait un don avec son frère. Antoine pleurait, j'appelais Alex qui le prenait contre lui, et l'autre s'arrêtait.

Antoine s'approcha de sa mère.

– Ça c'est toi souriant jusqu'aux oreilles en revenant de l'école. Pour avoir la paix, la maîtresse t'avait enfin mis dans la classe d'Astrid. Tu ne pouvais pas vivre sans ta famille !

– Sur celle-ci, j'ai l'air triste.

– Tu étais assis sur le petit banc devant la maison, et tu attendais Amélie qui était chez les scouts. Elle est restée deux semaines absente, et tous les jours tu demandais : « Quand est-ce qu'elle revient Mel ? » J'en avais le cafard. À l'époque je n'aurais jamais pensé que tu serais parti vivre loin de la maison. Tu aimais tellement ton chez-toi. Tu n'étais heureux que lorsqu'on était tous réunis.

Et Colette referma le premier album sur une photo d'elle et André traînant une charrette avec dedans, hilares, les quatre enfants.

Puis André arma son appareil pour faire la photo de l'année.

– Tout le monde est là ? demanda-t-il.

– Il manque *monquatrième*, constata Colette.

Sur la terrasse, Antoine écrasa une cigarette et vint s'asseoir aux pieds de sa mère.

Les uns et les autres souriaient, sauf Antoine qui tournait le dos à l'objectif. Une main posée sur la jambe blessée de sa mère, il contemplait les siens, essayant d'imaginer Marina au milieu d'eux. Elle avait dit : « Je sens qu'ils vont me plaire. »

– À quoi tu penses ? lui demanda Colette.

Antoine hésita un instant puis il déclara :

– J'ai rencontré quelqu'un, elle s'appelle Marina.

La nouvelle provoqua une explosion de joie. Amélie et Astrid le bombardèrent de questions. Elles voulaient tout savoir sur Marina, comment elle s'habillait, qui elle aimait comme chanteur, combien d'enfants elle voulait. Colette et André proposèrent de l'inviter à les rejoindre par le premier train. On était pressés d'accueillir son amie dans la famille. Antoine sentit s'éloigner la douloureuse sensation de nager à contre-courant qu'il éprouvait, chaque fois qu'il revenait à la maison. Quelque chose en lui avait cédé, il n'avait plus peur. Il était tout simplement là, heureux enfin, lorsque son frère lâcha :

– C'est drôle, j'ai toujours pensé que tu étais homo ! Tu es toujours en relation avec Stéphane ?

Le fils unique

Pascale Maret

C'était en 1963, et nous venions d'emménager dans le pavillon tout neuf, à Vernoux. Nicole, ma nouvelle voisine, flanquée de son petit frère Jean-Marc, m'interrogeait avec autorité du haut de ses huit ans à travers la haie de troènes malingres qui séparait nos jardins.

– Comment tu t'appelles ?

– François.

– T'as quel âge ?

– Six ans.

– T'as des frères et sœurs ?

– Non, je suis fils unique.

J'avais mis dans cette dernière réponse une nuance d'autosatisfaction. Je me plaisais en effet à considérer comme un privilège d'être l'unique objet de l'amour parental. Cela prouvait aussi, me semblait-il, que j'étais un enfant suffisamment charmant pour que mes parents se sentent comblés par ma seule existence. L'exclamation apitoyée de Nicole a balayé brusquement ce sentiment de supériorité :

– Oh là là, mon pauvre, t'as pas d'chance !

Je me suis senti vexé sur le coup, et pourtant je savais bien, au fond, qu'il m'arrivait de penser la même chose. Évidemment, je n'avais pas la moindre envie de devoir partager mes jouets, les câlins de maman ou les épaules de papa, mais en certaines circonstances j'avais la douloureuse impression qu'il me manquait quelque chose.

Et cela n'a fait que s'accentuer au cours des années suivantes. Par exemple, lorsque, après avoir joué tout l'après-midi dans la friche où se retrouvaient les gosses du quartier, il nous fallait rentrer chacun chez soi, je me sentais soudain terriblement solitaire. Pour les autres, dotés de frères et sœurs, le jeu et le chahut se poursuivaient, sur un mode réduit, certes, mais plus intime. Pour moi, c'était fini, j'étais renvoyé à ma condition d'enfant unique, en exil au pays des adultes.

Les soirs d'été, je m'en souviens, tandis que je faisais ma toilette – pensum ennuyeux qui consistait chez nous à se frotter méthodiquement le visage et le buste avec un gant –, de grands éclats de rire et des bruits d'éclaboussures jaillissaient par la fenêtre ouverte de la maison voisine, où Nicole et Jean-Marc prenaient ensemble leur bain quotidien. Ma mère jugeait cette pratique aussi déraisonnable (« Un bain par jour, quelle exagération ! ») qu'inconvenante (« Tout de même, Nicole va avoir dix ans, la baigner avec son frère… »), mais comme je les enviais, moi ! Et quand arrivait la nuit et que, fermement bordé dans mon lit, je devais affronter seul les terreurs de l'obscurité, comme j'aurais voulu avoir à mes côtés un compagnon ou une compagne, dont la simple présence aurait suffi à dissiper les chimères effrayantes sorties de mon esprit !

J'étais jaloux aussi de ces moments inévitables où la force du lien familial se révélait soudain, éclipsant l'amitié. Le souvenir le plus cuisant que j'en aie est lié à Jacky. Jacky était mon meilleur copain (« Ces deux-là s'entendent comme larrons en foire », disaient nos parents). Malheureusement il était affligé d'une petite sœur qui était souvent une entrave à nos jeux. Un jour que j'étais chez eux, j'avais réussi, par une ruse infâme, à entraîner la petite Sylvie dans la cave, et je l'y avais enfermée. Je croyais que Jacky apprécierait d'être débarrassé d'elle un moment, mais à ma grande surprise, il s'était fâché, m'avait traité de « crétin » et s'était empressé d'aller délivrer et consoler sa sœur, tandis que je rentrais chez moi, triste et amer de cette trahison inattendue.

Cependant avoir des frères et sœurs n'avait pas que des avantages ; cela comportait aussi des sacrifices. Nicole gâchait ainsi une partie de son jeudi après-midi à accompagner son frère à son cours de violon. Quant à Jacky, il subissait à cause de sa sœur des brimades qui me faisaient bouillir d'indignation, comme la fois où il n'avait pas pu m'accompagner au ciné sous prétexte que sa sœur allait s'ennuyer sans lui. Non, je n'aurais pas voulu d'un Jean-Marc ou d'une Sylvie à la maison ; un petit frère ou une petite sœur, je jugeais cela encombrant et de peu d'intérêt. C'est pourquoi je n'avais jamais trop insisté auprès de mes parents pour qu'ils produisent un autre rejeton. La seule fois où la question était venue sérieusement sur le tapis, maman m'avait expliqué d'une voix un peu triste qu'elle ne pouvait plus avoir de bébé, sous peine d'être très très malade, et je n'étais pas revenu à la charge : je ne voulais pas que ma mère soit très très malade et je n'avais de toute façon que faire d'un bébé. Ce que j'aurais aimé, moi, c'était un grand frère, mais ça, mes parents me l'avaient expliqué, c'était impossible. En théorie.

Il a débarqué chez nous un soir de juin. J'avais alors neuf ans. Nous étions encore à table et mon père a pesté lorsque la sonnette a retenti. Moi aussi j'étais contrarié : j'avais bataillé ferme avec mes parents pour obtenir le droit de ressortir jouer après dîner en ces dernières semaines de l'année scolaire, et je n'avais pas envie d'être privé de ces moments délicieux par l'arrivée d'un importun. Ma mère, qui s'était penchée à la fenêtre, s'est retournée, décontenancée.

– Il y a une femme au portail… je ne sais pas qui c'est. Je vais voir.

Elle est revenue quelques instants plus tard dans la cuisine, les lèvres pincées comme lorsqu'elle est inquiète. L'inconnue était sur ses talons. Elle m'a paru assez bizarre au premier coup d'œil, avec son corps maigre moulé dans une robe bleu vif, ses cheveux crêpés et sa bouche amère lourdement fardée. Ma grand-mère aurait dit qu'elle avait « mauvais genre ». Mais je ne l'ai pas regardée plus que ça car mon attention était surtout attirée par le garçon qui l'accompagnait. C'était son fils, à n'en pas douter, car il lui ressemblait beaucoup : mêmes cheveux noirs, même teint mat, même ovale délicat du visage. Avec ses cheveux presque longs, sa minceur et ses traits fins, il avait quelque chose d'une fille, impression accrue par le polo qu'il portait, d'une couleur improbable pour un garçon : violet ! Il était assez grand, plus grand que moi qui pourtant dominais de plusieurs centimètres mes camarades de CM1, et j'en conclus qu'il devait avoir onze ou douze ans.

Il y avait eu quelques secondes de silence.

– Bonsoir Roger, a dit soudain la femme en s'adressant à mon père. Tu me reconnais, je suppose, même si j'ai pas mal changé, surtout ces derniers temps, avec la maladie. Je m'excuse de débarquer comme ça après si longtemps, mais j'avais pas le choix.

« On ne dit pas "Je m'excuse", aurait corrigé ma grand-mère, car on ne s'excuse pas soi-même ; on dit "Je vous prie de m'excuser". » Mais ma grand-mère n'était pas là et personne n'a fait de remarque de vocabulaire. Au lieu de ça mes parents restaient muets : ma mère regardait mon père, mon père regardait la femme. Mais c'est à moi qu'il a finalement adressé la parole :

– François, monte dans ta chambre !

J'ai failli protester. Comment ça, « Monte dans ta chambre » ? Je voulais aller jouer dehors, moi, rejoindre mes copains dont les cris et les rires retentissaient dans la rue. Mais je n'ai pas eu le temps d'ouvrir la bouche. La femme m'a jeté un coup d'œil et elle a demandé :

– C'est ton fils ?

Puis, sans attendre la réponse, elle a désigné le garçon et elle a ajouté :

– Eh bien, celui-là aussi, c'est ton fils ! Il s'appelle Ludovic.

Ma mère a poussé un cri de souris et elle s'est appuyée sur le buffet, comme si elle allait tomber, mon père a grogné « Quoi ? » et moi j'ai essayé de comprendre ce que cette phrase absurde pouvait bien signifier : comment ce garçon aurait-il pu être à la fois le fils de cette femme *et* le fils de mon père ? Comment mon père aurait-il pu avoir un autre fils que moi, qui étais son *fils unique*? Et, accessoirement, comment pouvait-on porter un prénom aussi extravagant que *Ludovic*?

– Je t'ai dit de monter dans ta chambre, a répété mon père sur un tel ton que cette fois j'ai obéi sans traîner.

Je ne pensais même plus à rejoindre mes copains dehors. Pour une fois il se passait dans ma vie quelque chose de vraiment pas ordinaire.

Ça n'a pas été facile pour moi de démêler ce mystère. Mes tentatives pour en savoir plus sur les étranges visiteurs recueillaient des réponses embarrassées, du style : « C'était une personne un peu dérangée, ne t'occupe pas de ça. » Mais le soir il y avait de fréquentes disputes entre mes parents et, au lieu d'aller jouer dans la rue comme ils le croyaient, je restais planqué derrière la porte à les écouter. C'est comme ça – et aussi avec l'aide de mon copain Jacky, qui en savait long sur la vie à cause de sa tante divorcée – que j'ai fini par y voir plus clair. Cette femme était une ancienne bonne amie ou, comme disait Jacky, « une ancienne poule » de mon père. Et, contrairement à ce que j'avais cru jusqu'alors, il n'était pas absolument indispensable d'être marié pour faire un enfant. Ce Ludovic était donc le fils que mon père avait eu avec « sa poule » avant de rencontrer ma mère, et dont il avait apparemment toujours ignoré l'existence. Ce qui provoquait dans ma vie un bouleversement extraordinaire : je n'étais plus un *fils unique*, j'avais un frère, ou plutôt un « demi-frère », comme me l'a expliqué Jacky. Cette histoire de demi-frère m'a contrarié ; quitte à avoir un frère, autant qu'il soit entier.

Cela dit, qu'il soit mon frère, entier ou demi, on n'en était pas sûrs. Ma mère ne se privait pas de le répéter à mon père au fil des disputes. « Qu'est-ce qui te prouve que c'est bien ton fils ? Avec ce genre de femmes… D'ailleurs, il ne te ressemble pas du tout. » Ça c'était vrai, sauf que moi non plus je ne ressemblais pas du tout à mon père ; comme Ludovic, j'avais « tout pris du côté de la mère ». (Quand ma grand-mère disait ça – et elle le disait souvent –, on voyait bien clairement qu'elle ajoutait dans sa tête : « Dieu merci ! »)

Il y avait donc un doute…

– Mais dans le doute, disait papa, je ne peux tout de même pas lâcher ce gamin comme ça !… Par simple humanité je me dois…

– Non, non, non, répliquait maman, qu'elle trouve une autre solution !

– L'autre solution, c'est l'Assistance, tu le sais bien… Tu ne voudrais quand même pas… ?

Tout ça était pour moi terriblement confus, jusqu'au jour où, après bien des disputes, mes parents m'ont solennellement convoqué au salon pour une explication *officielle.*

– Voilà, m'a dit mon père en substance, cette dame qui est venue voulait nous demander un service. Elle est malade, gravement malade, elle doit aller à l'hôpital pour se soigner, et ça va durer des semaines, alors elle nous a demandé de garder son fils pour l'été, parce qu'elle n'a pas du tout de famille, et pas d'argent non plus pour l'envoyer en colonie.

Je n'ai rien dit, évidemment, qui puisse leur faire comprendre que je savais qui était Ludovic. Je n'étais pas très sûr de ce que j'éprouvais : content, pas content ? J'ai demandé :

– Ludovic va venir avec moi chez grand-mère en juillet ?

Le mois de juillet chez grand-mère, ce n'était pas la joie ; avoir un compagnon, ce ne pourrait qu'être mieux. Mon père a eu l'air surpris que j'aie retenu le prénom du garçon. C'était pourtant un prénom qu'on n'oubliait pas.

– Oui, a-t-il répondu. Ta grand-mère a très gentiment accepté de l'accueillir.

Je me suis demandé si grand-mère était au courant pour l'ancienne poule et le demi-frère. Sûrement pas. Grand-mère n'aimait pas les gens « olé-olé ». Mais je savais garder un secret.

– Et à la mer ? Il viendra aussi à la mer avec nous ?

– Oui, oui, a dit papa. On lui mettra une petite canadienne à côté de la grande tente.

Maman gardait le silence, les lèvres serrées. Elle n'avait pas l'air d'accord, et cela m'étonnait un peu, car elle était d'habitude toujours prête à venir en aide aux créatures « dans le besoin », vieilles dames isolées, chatons perdus ou enfants chagrins.

Les étés précédents, je m'étais terriblement ennuyé chez ma grand-mère, qui n'était pas du genre rigolote, et dont les efforts pour me distraire se limitaient à me dire « Va donc jouer au jardin », quand il faisait beau et « Prends donc un livre dans la bibliothèque », quand il pleuvait. Mais la présence de Ludovic paraissait tout changer, jusqu'au décor. « J'adore cette maison », avait-il dit en arrivant, à ma grande surprise. Moi, je ne l'aimais pas du tout, cette lourde bâtisse dont ma grand-mère était si fière : trop sombre, trop vieille, trop vide de gens et trop pleine d'objets inutiles. Et sans télé. Je préférais mille fois notre pavillon, moderne, clair, « fonctionnel » comme disait mon père. Ludovic m'a appris à voir la poésie d'une vieille demeure. Pour lui, chaque meuble, chaque bibelot, avait une histoire, qu'il voulait connaître ou qu'il imaginait.

On voyait qu'il avait l'habitude de s'occuper tout seul. À peine installé, il a déballé son matériel à dessin et a commencé une série de croquis de la maison. Après m'être lassé de le regarder faire, j'ai eu envie de l'imiter et bientôt nous avons passé des heures à dessiner frénétiquement. Ma grand-mère s'est alors souvenue qu'elle avait fait de l'aquarelle dans sa jeunesse, et nous voilà tous les trois au jardin, nous appliquant à peindre le bain des oiseaux ou les clochettes des campanules. Je ne produisais pour ma part que d'infâmes barbouillages mais je m'amusais bien. Ludovic avait aussi pas mal d'imagination, une imagination nourrie par ses nombreuses lectures. Cela lui donnait des idées pour inventer des jeux que je trouvais passionnants. Nous avons ainsi, cet été-là, vécu une dure vie de trappeurs dans la cabane délabrée du jardin, cherché un trésor, exploré le grenier et fabriqué des arcs pour suivre l'exemple de Robin des Bois.

Je ne m'ennuyais plus du tout ; quant à ma grand-mère, elle était sous le charme. Ludovic lui posait des tas de questions sur sa vie passée et prenait un plaisir visible à écouter ces vieilles histoires. Ma grand-mère s'animait en racontant et finissait, comme la maison, par m'apparaître sous un jour plus riant. Lorsque Ludovic lui a confié qu'il regrettait de n'avoir jamais connu ses grands-parents, elle a été définitivement conquise.

Il était très à l'aise avec les adultes, comme la plupart des enfants qui sont habitués à vivre en tête à tête avec leur père ou leur mère. Avec moi, c'était un peu plus difficile. Il me traitait avec une gentillesse que je trouvais souvent peu naturelle et presque embarrassante. J'avais l'habitude avec Jacky des rigolades, des bousculades, des bagarres. Ludovic, lui, se tenait toujours un peu sur la réserve, même pendant nos jeux, évitant les disputes, cédant devant moi au moindre conflit. Il savait qu'il était là par faveur et ne devait pas déplaire. Ça m'agaçait. Comme m'agaçait aussi le fait qu'il n'aime pas jouer au foot (quand il acceptait de faire des passes avec moi, il était tellement évident qu'il n'y prenait aucun plaisir que cela gâchait le mien), et comme m'agaçait plus que tout le mutisme triste dans lequel il s'enfermait parfois. Je me doutais bien qu'il pensait à sa mère dans ces moments-là mais lorsque j'essayais de lui en parler, il me faisait comprendre qu'il n'était pas question entre nous de la moindre confidence. Malgré nos moments de complicité, je le sentais lointain et je lui en voulais.

Un jour pourtant, vers la fin du séjour, je me suis armé de courage et j'ai enfin réussi à lui poser la question qui me brûlait les lèvres : « C'est vrai que t'es mon frère ? » Il m'a simplement répondu : « Peut-être. » J'étais déçu, j'ai insisté : « Moi, j'aimerais bien », je lui ai dit, alors il a souri. Un vrai sourire. « Moi aussi », il a dit et je pense que c'est là que tout a vraiment commencé entre lui et moi.

Après le séjour chez grand-mère, papa a emmené Ludovic à Paris pour qu'il voie sa mère à l'hôpital, ce qui l'a rendu triste et renfermé durant plusieurs jours. Heureusement, après ça on s'est entassés avec armes et bagages dans la Simca et en route pour la Méditerranée. J'étais ravi, comme à chaque départ, mais je me rendais compte que les trois autres ne partageaient pas mon enthousiasme. Maman faisait ostensiblement la tête, papa était très mal à l'aise et ses tentatives pour être jovial rendaient l'atmosphère plus pesante encore. Ludovic, rencogné contre la portière, n'ouvrait pas la bouche.

Nous avons tout de même fini par arriver à Bandol. J'adorais ces vacances à la mer, l'installation sous la tente au camping de « La Pinède », les pique-niques sur la plage, la glace qu'on mangeait le soir en déambulant devant les terrasses pleines de lumières et de gens souriants. Ce que je n'aimais pas, en revanche, c'était l'eau. J'avais peur et, malgré les nombreuses tentatives de mon père, désespéré de me voir aussi poltron (« Une vraie poule mouillée, si j'ose dire ! » ricanait-il avec dépit), j'avais toujours refusé d'apprendre à nager. Ludovic, après plusieurs années passées avec sa mère dans le sud de l'Italie (sa mère était d'origine italienne, il avait fini par me révéler au moins ça), était un vrai poisson. Avec beaucoup de patience, il a réussi à m'entraîner dans l'eau et au bout de quelques jours je barbotais sans trop de crainte dans les vaguelettes, réussissant presque à nager. Ma mère, qui avait observé le processus sans rien dire, ne pouvait s'empêcher de lui en être reconnaissante. Peu à peu, elle s'est mise à le traiter avec moins de froideur, cessant de l'ignorer systématiquement comme au début. Dès qu'elle a commencé à lui témoigner un peu de gentillesse, Ludovic a paru s'épanouir et lui a manifesté une telle reconnaissance qu'il aurait fallu avoir un cœur de pierre (ce qui n'était certes pas le cas de ma mère) pour rester insensible. Il savait sans aucun doute s'y prendre avec les femmes.

En revanche, mon père éprouvait un grand malaise en sa présence, c'était visible. Il semblait même contrarié par notre bonne entente ; il était jaloux, je pense, de mon amitié pour ce nouveau compagnon, et inquiet de la tournure que prenaient les choses. Il sursautait presque quand maman appelait d'une voix gaie : « Allez, les garçons, à la douche ! » comme s'il s'agissait d'une incongruité.

Le mois d'août a touché à sa fin et, à mon angoisse ordinaire de voir se terminer les grandes vacances, s'est ajoutée celle de devoir me séparer de celui que je commençais à considérer en secret comme « mon grand frère ». Nous avons plié les tentes et retrouvé le pavillon de Vernoux. Ludovic aurait dû rentrer chez sa mère, mais sa mère était toujours à l'hôpital. Il est tout de même reparti à Paris pour lui rendre visite une journée et le lendemain je l'ai surpris pleurant dans les bras de ma mère. J'en ai ressenti une impression bizarre, de jalousie et de compassion mêlées.

Il y a eu d'autres discussions entre mes parents, dont les échos parvenaient dans la chambre que je partageais désormais avec Ludovic, pour lequel on avait installé un lit de camp provisoire. Mon père a fini par l'inscrire en sixième au collège voisin « juste en attendant ». Les nouvelles de l'hôpital n'étaient pas bonnes. Tous les soirs, ma mère me faisait dire des prières « pour la guérison de la maman de Ludovic ». Je la soupçonnais de n'être pas désintéressée en demandant cela, et de vouloir avant tout être débarrassée de lui. Je l'avais entendue dire à mon père que « si les choses ne s'arrangeaient pas rapidement, il faudrait faire placer cet enfant ». Placer où ? Je ne savais pas trop, mais la place en question ne devait pas être bien agréable, car mon père avait répondu : « Oui, bien sûr, mais tout de même ce sera très dur pour ce pauvre gosse. » Ludovic, lui, ne priait pas pour sa mère parce qu'il était « libre penseur » (je ne comprenais pas vraiment ce que ça voulait dire, mais ça sonnait bien), et moi je priais, au fond de mon cœur, pour que sa mère ne guérisse pas et même qu'elle *meure*.

Quand mes prières ont été exaucées, je me suis senti atrocement coupable, même si Ludovic avait commencé à me convaincre que Dieu n'existait pas (ce qui était vraiment triste pour lui, parce qu'il ne pouvait pas espérer revoir sa mère au paradis). Ludovic a eu un énorme chagrin qui me bouleversait et dont j'étais bien incapable de le consoler. Mes parents avaient l'air très embêtés, ils ont discuté, discuté, j'ai supplié : « Il faut qu'il reste. » Après bien des hésitations, ils ont décidé d'attendre un peu, « que le choc soit passé », avant de le renvoyer.

Ludovic n'est jamais reparti. Mon père a fini par le reconnaître, tandis que ma mère devenait sa mère adoptive. Aux gens, on a raconté qu'il était le fils orphelin d'une cousine éloignée, recueilli dans notre famille. J'avais officiellement un grand frère.

Tout n'a pas été idyllique pour autant. Il m'est arrivé d'avoir de terribles crises de jalousie et nous nous sommes parfois bagarrés violemment. Il n'était pas forcément le grand frère dont j'avais rêvé, et pour lui j'imagine qu'il n'a pas été facile de reconstruire sa vie avec nous. Mais je peux le dire à présent avec presque cinquante ans de recul, je n'ai jamais regretté qu'il soit entré dans la famille. Avec lui, je me suis toujours senti plus fort, plus confiant, et je pense que de son côté, c'est pareil. À vingt ans, on draguait les filles ensemble ; c'est d'ailleurs lui qui m'a présenté Laurence, et il a bien sûr été notre témoin de mariage. Je l'ai aidé à monter son cabinet d'architecte, et quand j'ai perdu mon poste chez Valex, c'est grâce à lui que j'ai retrouvé du boulot. Après son deuxième divorce, quand ça allait mal, je l'ai empêché de plonger. Oui, on peut compter l'un sur l'autre.

Bizarrement, ma mère s'est très vite attachée à lui. Elle a fait beaucoup d'efforts pour remplacer sa mère disparue et je crois qu'elle a en partie réussi. Il y a entre eux une tendresse dont je suis jaloux encore à présent, je l'admets. Quant à ma grand-mère, si elle a été très choquée d'apprendre la vérité, elle a toujours eu un faible pour Ludo ; en revanche elle en a beaucoup voulu à mon père (pour lequel elle n'avait de toute façon guère d'estime).

C'est en fait avec lui, notre père, que ça s'est le moins bien passé. À l'adolescence, mon frère est entré en conflit violent avec lui, et par la suite ils n'ont jamais su trouver le moyen de bien s'entendre. Mon père lui en voulait d'être venu bouleverser sa vie et de lui rappeler un épisode de son passé dont il n'était pas très fier. Mais surtout, je crois qu'il a toujours douté que Ludo soit véritablement son fils. Cette incertitude a pourri leurs rapports et l'a rongé jusqu'à sa mort, il y a douze ans.

Si cette histoire arrivait aujourd'hui, je suppose qu'on ferait un test ADN, et l'affaire serait réglée. « Pourquoi vous ne le faites pas maintenant, Oncle Ludo et toi ? m'a demandé mon fils l'autre jour. Comme ça vous sauriez. » On saurait quoi ? J'ai cessé d'être fils unique il y a bien longtemps, pas la peine de faire un test.

À tes souhaits !

Frédérique Martin

Pour ma sœur, Myriam.

Ma mère attaque tout en finesse : « Dorit, tu ne sais pas quelle est ta chance d'avoir une petite sœur. En plus, elle est en admiration devant toi. Et puis elle est si mignonne. »

Pardon, tu veux mes lunettes ? C'est ce que j'ai envie de répondre, mais bon, à bientôt treize ans je sais déjà qu'il vaut mieux se taire en règle générale, et la boucler dans les cas particuliers. Je ne sais pas où ma mère va pêcher tout ça. On voit bien qu'elle est fille unique. Devant mon manque d'enthousiasme, elle poursuit :

– Tu sais, moi aussi j'ai traversé l'âge ingrat, je m'en souviens très bien.

Eh bien on ne dirait pas, sinon elle n'utiliserait pas cette expression de mémère – l'âge ingrat. Je déteste ces deux mots presque autant que la punaise qui me sert de sœur et à qui je souhaite une explosion de boutons purulents sur la langue, des poireaux géants dans les narines et des ganglions surinfectés au fond des oreilles.

Ô joie, dire que ça sera bientôt son tour de baigner dans *l'âge ingrat*!

– Je ne suis pas dans ce truc pourri, comme tu dis.

– Oui, pardonne-moi, tu es à l'adolescence.

Elle sourit, elle aime bien se moquer de moi, à croire que ça la distrait.

– C'est normal, paraît-il, durant cette très longue période, d'être désagréable et…

– Je suis désagréable ?

Je ne sais pas ce qui passe sur mon visage – peut-être de la peine – car elle se contredit aussitôt :

– Pas du tout ma chérie, qu'est-ce qui te fait croire ça ? Je n'ai pas à me plaindre de toi, un peu vive par moments, mais comme je viens de le dire, c'est de ton âge.

Je ne baisse pas les yeux, alors elle finit par s'agiter, essuyer des poussières imaginaires et secouer bizarrement sa tête – un peu comme une perruche – avant de conclure :

– Tout ce que je te demande, c'est d'être plus gentille avec ta sœur.

Ben voyons !

Comment Talia est arrivée là ? Je n'ai aucun souvenir qu'on m'ait parlé d'elle, d'avoir vu ma mère enceinte, préparant le berceau, une chambre ou des gnangnanteries de ce genre. Dans mon esprit, il y a une période où j'étais seule – ô joie, ô félicité – et une autre où Talia était là – ô rage, ô désespoir, ô vieillesse ennemie… bon, là je m'égare. Je ne me souviens même pas de la première fois : pas d'hôpital, de présentation officielle – voilà ta sœur – juste des flashs où elle apparaît brusquement, déjà grande et pénible. Je sais qu'elle n'a pas été adoptée, qu'elle n'est pas non plus tombée du ciel, mais enfin, par moments je doute. Je suis un cas unique d'amnésie, aucune de mes copines n'est comme moi. C'est flippant. La seule constante qui ait traversé le temps – neuf ans tout de même – c'est mon obsession : « Comment je vais pouvoir m'en débarrasser ? »

De toutes ces années communes, je conserve quelques flashs. Par exemple, j'étais obligée d'aller à la sieste avec elle sinon elle n'arrivait pas à dormir. Je restais deux heures durant, les prunelles soudées au plafond, à m'ennuyer au-delà de tout pour qu'elle puisse ronfloter en paix.

Un été où nous étions parties au bord de la mer, elle avait eu des sabots en plastique blanc avec une petite lanière rouge.

Quand elle les enlevait, le soir, on les mettait sur la fenêtre, sinon la chambre puait le gaz.

Au début, notre mère nous habillait de la même façon et je détestais ça. Elle a fini par arrêter devant mes crises de colère. Par contre, pour nos anniversaires, les jouets sont toujours offerts en double pour éviter les scènes de jalousie. Talia n'arrête pas de me copier, ce qui me fout dans des rages noires. Par exemple, elle a entrepris de tomber amoureuse des mêmes garçons que moi, alors que je le lui ai interdit ! Autour de nous, les gens l'appellent « la pôôôôôvre Talia ». Mais quoi, la pauvre Talia ? Qu'est-ce qu'ils ont tous avec ça ? Elle n'est pas malade ou handicapée, elle est même plutôt jolie – comme ma mère – et pas totalement idiote. Alors quoi ? C'est moi qui ne ressemble à rien, avec mes cheveux fins et crépus, mes lunettes et mon appareil dentaire. Maigrichonne, renfrognée, heureusement que je n'ai pas de poussées d'acné ! Pourtant moi, personne ne me plaint. C'est dire le degré d'injustice dans lequel je marine. J'aimerais bien donner envie à quelqu'un de me consoler, pouvoir être petite, moi aussi, surtout depuis que notre père s'est tiré.

Il n'a pas dit au revoir, ne s'est pas expliqué, ne nous a pas prévenues. Un jour, je me suis rendu compte qu'il n'était plus là – pas vu depuis trop longtemps, c'était pas normal. « Il a refait sa vie », c'est la seule explication que ma mère a bien voulu nous lâcher. Je n'ai pas compris ce que ça voulait dire. Une vie, ce n'est pas comme une maison, ça ne se retape pas. En tout cas, ça signifie loin de nous. Très loin. Talia, c'est la goutte de pipi qui a fait déborder le pot. Une gamine, il pouvait supporter, deux c'était trop. On imagine ce qu'on peut pour tenir le coup. Moi, je crois qu'il m'aime à la folie – et réciproquement – c'est juste qu'il ne peut pas revenir pour l'instant, ou alors il est prisonnier quelque part.

Donc on vit toutes les trois maintenant, une chambre pour les deux filles et l'autre pour ma mère avec le salon au milieu pour se retrouver. Et on attend – on ne sait pas quoi – mais avec passion. C'est toujours ça de pris.

Tout est arrivé à cause des lits superposés. Ce soir-là Talia a voulu dormir en haut. Bien sûr, c'est ma place ! Elle a joué toute une comédie, comme quoi elle avait peur des monstres du placard qui se glissent sous le lit dès qu'on éteint les lumières.

– Si je suis en haut, c'est pas pareil, ils ne peuvent pas se mettre en dessous puisqu'il y a Dorit.

– Ben justement, ma petite, tu devrais te méfier. À ta place je choisirais plutôt de supporter un vampire. Il te mordra un bon coup et on n'en parlera plus. Tandis qu'avec moi, les supplices pourraient durer longtemps, longtemps…

Mais rien à faire, elle refusait d'avoir peur de moi. Si elle avait su. Finalement, comme je ne voulais pas céder, ma mère a poussé sa hurlante :

– Mais qu'est-ce que ça peut faire, en haut ou en bas ? C'est pour dormir, Dorit, inutile d'en faire toute une histoire ! C'est toi l'aînée, sois un peu raisonnable !

– Et si j'ai pas envie ?

C'est vrai à la fin, j'ai signé un contrat ou quoi ? Au bout du compte, j'ai pas pu y couper, je suis descendue.

– Jusqu'à la prochaine fois où mini-teigne changera d'avis, j'ai dit en me couchant.

Ma mère n'a pas relevé pour ne pas *jeter de l'huile sur le feu*, suivant son expression. De voir ma sœur manipuler son monde, obtenir ce qu'elle veut en jouant sa victime, se faire plaindre en permanence et s'arranger pour me piquer le peu que j'ai, ça me rend dingue de colère. À en secouer les murs. Une sorte de folie furieuse qui part du ventre et remonte pour exploser dans mon crâne. Dès qu'elle en a eu l'autorisation, elle a grimpé comme une sale guenon, pour mettre ses pieds, son odeur et ses poux dans mes draps. Elle a pris ma place avec son petit sourire malin que ma mère confond avec celui de l'enfance.

– Ah, je vais bien dormir.

– Remercie ta sœur, Talia.

– Merci, Dorit.

Je vais la tuer.

On était couchées depuis un moment déjà, mais j'arrivais pas à desserrer les dents. Talia jouait avec sa poupée, jacassait sans arrêt, enchantée de la situation. Et il y avait tellement de hargne, tellement de peine emmagasinées en moi que je n'arrivais plus à les supporter. J'aurais voulu pouvoir pleurer de toutes mes forces, hurler ou me débattre. Rien sortait, rien. Je crevais d'envie que quelqu'un vienne me tenir la main et me prenne dans ses bras. Je suis toujours seule dans ces cas-là, il n'y a pas de miracle, pas de porte qui s'ouvre sur un sauveur. J'étouffe seule, tout le monde s'en fout. Alors j'ai jeté ma rage dans quelques mots, pour essayer de me soulager un peu :

– Eh Talia, tu sais quoi ?

– Non. Quoi ?

– Tu connais l'histoire du génie de la lampe, tu sais comme dans le film d'Aladin ?

– Oh oui, trop génial.

Ris ma cocotte, ris.

– Admettons qu'il apparaisse et qu'il t'offre trois vœux…

– Il va pas venir dans la chambre, au moins ?

Ah, mais qu'est-ce qu'elle est… j'ai pas le droit de le dire.

– Je sais pas, on fait semblant. On dit qu'il vient et qu'il te propose trois vœux. Qu'est-ce que tu choisis ?

– C'est pas dur… je lui demanderais un

chien, deux poneys – un blanc et un noir – et que papa rentre. Et toi ?

– Moi, si un génie surgissait et me donnait trois vœux, je ferais toujours le même.

J'ai laissé passer un silence. Sa tête est apparue à l'envers, au-dessus de moi.

– Et c'est quoi ?

Je lui ai souri de tout mon appareil dentaire, en écarquillant les yeux autant que la nature me le permettait sans qu'ils se décrochent et tombent sur les draps :

– Que tu ne sois jamais née ! Trois fois ja-mais.

Sa figure s'est chiffonnée et elle s'est mise à pleurer. J'ai éteint la lumière ; dans le noir on n'entendait qu'elle. À force, ses gémissements se sont assourdis en petites vagues qui me berçaient. J'ai fermé les yeux, je flottais en douceur et c'est à peine si je l'ai entendue quand elle a chuchoté :

– Dorit, Dorit, j'ai peur.

– Ta gueule, je lui ai répondu.

C'est peut-être la nuit où j'ai le mieux dormi. Enfin, c'est sûr que depuis, je ne me repose plus beaucoup. Au matin, je me suis réveillée absolument comme d'habitude. Et quand je me lève, les yeux encore collés par des restes de nuit, je fonce aux toilettes. C'est comme ça. J'ai une petite vessie et mon père il m'a bien cadrée, puisqu'il m'appelle *la pisseuse*. M'appelait.

C'est pas faux, j'assume comme on dit. Pas moyen de faire autrement. Donc j'y suis allée au radar et dans le noir, je m'entraîne au cas où je deviendrais aveugle. On ne sait pas ce qui peut arriver dans la vie, j'en sais quelque chose.

C'est en revenant que ça m'est tombé dessus. Je suis entrée, et… ce n'était pas ma chambre ! C'était le bon chemin, la bonne porte, mais je ne reconnaissais rien de rien. Il y avait un grand lit, un bureau, une coiffeuse et une armoire que je n'avais jamais vus de ma vie. Tout était rangé comme chez Conforama, manquait plus que le photographe pour la pub. J'ai rien compris. Une trouille énorme m'a empoignée, j'avais chaud et froid, ça cognait dur dans ma tête et avant que j'aie pu me retenir, j'ai hurlé :

– Maman, maman !

Heureusement, j'avais déjà pissé, sinon j'inondais mon pyjama. Il y a eu du bruit, des voix et derrière moi, ma mère et mon père ont déboulé en même temps. Ma mère *et mon père* ! C'était bien lui, avec ses cheveux en bataille et ses joues mal rasées. Ça m'a encore plus affolée. Je me suis foutue à chialer comme quand j'étais petite et que je survivais à un cauchemar.

– Qu'est-ce qu'il y a ?

Mon père m'a secouée.

– Dorit, c'est un rêve, rien qu'un rêve, réveille-toi.

– Ne la secoue pas, a dit ma mère, tu sais qu'il ne faut pas.

Elle m'a prise dans ses bras, m'a serrée contre elle, et c'est ce qui m'a permis de ne pas devenir dingue. Parce que le seul truc tangible et réel dans toute cette folie, c'était son odeur, celle que je connaissais depuis toujours. L'odeur de ma mère.

Mon père a allumé le plafonnier.

– Regarde, Dorit, c'est ta chambre, il n'y a personne ici à part nous. Aucune raison d'avoir peur, tu es en sécurité.

J'ai réussi à hoqueter :

– C'est pas… pas… ma…cham-chambre.

– Et c'est celle de qui alors ?

– Je sais pas, mais c'est pas la mie-mienne.

Ma mère continuait de me tenir. Sa bouche posée à la racine de mes cheveux, elle caressait mon dos et je m'agrippais à elle de toutes mes forces, tellement j'avais peur de la voir disparaître. Parmi toutes les questions qui roulaient dans ma tête, une me poursuivait, petite dingue échappée de l'asile. Je l'ai vite crachée avant qu'elle ait ma peau :

– Maman, où est Talia ? Où elle est ?

– Talia ?

– Qui est Talia ? a demandé mon père.

J'avais jamais pleuré aussi fort de ma vie entière, même pas quand il était parti.

Ils m'ont conduite dans le salon, ils ont tout allumé pour affoler les recoins les plus sombres. Mon père a mis de la musique et ma mère a fait chauffer de l'eau pour le thé pendant que je la suivais partout accrochée à sa robe de chambre comme à un doudou. Il y avait des meubles que je connaissais, des objets familiers et d'autres que je n'avais jamais vus. Dans l'ensemble, c'était un peu chez moi et beaucoup chez une autre. On s'est assis tous les trois sur le canapé, j'ai pris le cachet qu'ils m'avaient donné avec ma tasse de thé vert au jasmin – mon préféré – sucré au miel.

On est restés silencieux un long moment. Je fixais les poils noirs sur les mains de mon père et la bague de fiançailles que ma mère ne portait plus depuis qu'elle était seule. Chaque fois que je pensais à Talia, des larmes me montaient aux yeux. Mon père s'est raclé la gorge, ma mère lui a caressé la joue de ses doigts fins. Alors j'ai fini par avouer que c'était ma faute si elle avait disparu.

– Mais qui est Talia, ma chérie ? Une poupée, une amie imaginaire ?

– C'est ma sœur.

Ils semblaient consternés et, dans leurs yeux inquiets, ça clignotait rouge : Notre fille est folle ! Je connaissais la réponse de ma mère, je voulais me boucher les oreilles pour pas l'entendre. Je criai en silence : « Tais-toi, tais-toi, tais-toi… » Mais rien à faire, elle comprenait pas.

– Mais chérie, tu n'as pas de sœur. Tu n'en as jamais eu.

– Si ! J'ai une sœur.

J'avais à peine assez de souffle pour parler.

– Une petite sœur de neuf ans, avec des cheveux longs, des pieds qui puent et une voix aiguë comme ça : « titititititi ». Elle me pique toutes mes affaires, elle lit mon journal, elle kiffe les mêmes garçons que moi. Elle a peur de dormir seule, elle m'a forcée à lui laisser la place du haut pour se coucher. C'était mon lit, ma place. Tu m'as demandé d'être gentille avec elle.

– Dorit…

Je n'ai pas laissé mon père continuer.

– Toi, tu nous as quittées. C'était dur, on en a bavé. En plus, tu es parti sans rien dire, tu nous as laissées derrière toi comme si on était des vieux trucs sans importance. Hier, le vœu de Talia c'était que tu reviennes. Le mien, c'était qu'elle ne soit jamais née. Mais c'était qu'un jeu idiot !

J'ai respiré fort, pour ne pas craquer encore :

– Et voilà. Je ne sais pas ce qui s'est passé, mais ils se sont réalisés.

Mon père a serré les lèvres et m'a regardée avec beaucoup de gentillesse, comme quand on va parler à quelqu'un qui est tellement bouché que même le Destop n'y pourra rien.

– Dorit, tu as rêvé tout ça. Tu comprends ? Je ne suis pas parti, je ne vous ai pas abandonnées. C'est ça la vraie vie et surtout, c'est la seule que tu aies.

Ma mère me couvait avec une tendresse que je savais ne pas mériter. C'est pas tout le monde qui peut se vanter d'avoir éliminé sa sœur, il faut être un sacré monstre pour réussir un tour pareil. J'ai eu peur de ce qui pourrait m'arriver si je m'entêtais, des histoires toutes plus affreuses les unes que les autres, avec des piqûres, des hôpitaux et des orphelinats. Alors j'ai menti :

– Oui papa.

C'est terrible de tout garder pour soi. Avant, je me sentais seule, mais je ne savais pas ce que ce mot voulait dire. C'est long un rêve de neuf ans. Ça laisse pas mal de traces, plus qu'on peut s'en fabriquer en une seule nuit. Mais personne ne me croirait, puisque personne ne se souvient d'elle.

J'ai cherché partout un objet, un des rubans qu'elle mettait dans ses cheveux ou même un bout de coloriage qui prouve qu'elle avait bien existé, cette sœur que je suis censée n'avoir jamais eue. Comment expliquer que sa voix ne me laisse pas tranquille « Dorit, Dorit, j'ai peur » ? Je l'ai laissée tomber, elle s'est envolée avec les deux derniers mots que je lui ai crachés et comment elle va se débrouiller avec ça ? Et moi, qui va me pardonner ?

Tous les jours, il faut recommencer à faire semblant d'être normale. D'être bien. C'est très dur. Parfois, dans la rue, au collège, je vois des filles qui lui ressemblent et mon cœur se met à taper, le sang bourdonne à mes oreilles, je suffoque. J'ai l'impression de tomber dans un trou qui traverserait le monde sans s'arrêter.

Le soir, pour m'endormir, c'est affreux. Je suis sûre que moi aussi, je vais finir par disparaître. Si au moins c'était pour la retrouver. Mais c'est comme si le noir l'avait engloutie sans rien recracher. Dire que ma mère pourrait se réveiller un matin et croire qu'elle n'a jamais eu d'enfant. Elle ne se souvient plus de Talia et pourtant, c'est moi qui mériterais d'être effacée. Pas elle. On compte donc si peu dans le cœur de ceux qu'on aime ?

Je passe beaucoup de temps avec Dieu, je suis devenue très croyante. Mon argent de poche est mangé par des bougies – Je vous en prie, faites que Talia revienne, je promets tout ce que vous voudrez si vous me la rendez. En plus elle ne vous sert à rien, alors que moi j'ai vraiment besoin d'elle. Et je regrette, pardon, amen et ainsi soit-il – et des fleurs, des images de Marie, des fraises Tagada. Mais ça ne marche pas, ça ne marche jamais.

Et puis, le jour de son anniversaire est arrivé. En me levant, je me suis dit : Ça y est, c'est pour ce soir ! En rentrant du collège, j'ai préparé un gâteau au yaourt. Après j'ai mis une jolie table. J'étais prête à six heures, mon père s'est moqué de moi, ma mère m'a remerciée. Le gâteau était moins bon que d'habitude, mais ils m'ont félicitée et en ont repris pour me prouver à quel point ils le trouvaient réussi. Il manquait des ingrédients : nos engueulades dans la cuisine quand elle me suivait pour cuisiner avec moi, ses doigts et sa bouche salis de pâte crue, ses jouets sur lesquels je trébuchais et son corps tiède dans mes jambes. Et aussi les cadeaux en double et les dix bougies qu'elle n'a pas soufflées. Quand on a sonné à la porte, j'ai renversé mon verre en me levant et j'ai couru pour ouvrir. Je voulais tellement – oh mais tellement – que ce soit elle ! Ce n'étaient que des amis de mes parents, venus prendre le café, et qui n'ont pas compris pourquoi j'ai pleuré en les voyant. La soirée a duré tard, je les entendais rire de mon lit et je ne dormais toujours pas quand ma mère est allée se coucher, bientôt rejointe par mon père. Ils étaient si gais. Cette nuit-là j'ai rêvé de Talia. Je la revoyais pour la première fois. Elle me regardait en souriant, elle tenait une de mes anciennes poupées dans ses bras. Je lui parlais, mais elle ne répondait pas. J'ai crié : « Viens là, mais viens là ou tu vas en prendre une ! » alors elle s'est enfuie. Je me suis réveillée en sanglotant ; même dans mes rêves je suis une foutue garce. Ma mère a surgi. Sans allumer, elle est venue s'asseoir près de moi pour me caresser les cheveux.

– Qu'est-ce qu'il y a mon petit cœur ?

– Je veux ma sœur, je veux ma sœur.

C'était presque une chanson. Elle a dit un truc bizarre, du genre « On verra ça » qui m'a calmée. Je ne l'ai pas entendue repartir.

Les histoires sur le temps qui efface la peine, c'est rien que des conneries. Les semaines passent, se changent en mois. Chaque jour m'entaille un peu plus loin, ça fait toujours aussi mal, peut-être même davantage, à cause des heures qui s'empilent sur moi.

Mes quatorze ans qui se pointent, c'est difficile. Mes parents qui prennent soin de moi, c'est difficile. Et quand ils me trouvent *super chouette*, je suis obligée de me mordre jusqu'au sang pour ne pas crier. La vie sans Talia, c'est insupportable, c'est tout. J'aurais parié mon MP3 sur le contraire quand elle était là. Je ne savais pas qu'elle était enracinée en moi et qu'en la chassant, j'allais créer un trou gigantesque où seul un poids glacé viendrait se nicher, qui m'écrase, qui broie en dedans, qui me met en miettes. Je me lève, je me couche, je marche, je parle, je sors et je rentre, on dirait que je fonctionne bien mais c'est faux. C'est juste une image pour les autres. Combien de temps ça peut durer ?

En arrivant du collège, ma mère était déjà là. Je l'ai trouvée belle et je lui en ai voulu. On s'est embrassées quand même. J'ai sorti mon plus joli sourire métallisé et je suis restée un moment avec elle, à traîner dans la cuisine.

– Je vais boire une tisane, tu en veux ?

– Pourquoi pas. Tu ne travailles pas aujourd'hui ?

– Non, j'ai pris ma journée. J'avais… des trucs à faire.

– Ah. C'est secret ?

– Non, plus maintenant.

Assises face à face au-dessus de nos bols fumants, on se regarde un moment. Je hausse les sourcils dans une mimique interrogative.

– Alors, t'accouches ou quoi ?

Elle se met à rire. Puis son air devient grave et en me regardant bien en face, droit dans les yeux, elle pose doucement sa main sur son ventre. Alors moi, je sens un frisson énorme qui monte, qui hérisse mes jambes, qui soulève ma peau, qui secoue mes flancs, qui rétrécit mes joues avant d'exploser sous mon crâne en milliards de picotements à vif. Je me retrouve près d'elle, à genoux, les yeux brillants, nos mains enlacées. Mes larmes coulent partout, je brûle en dedans, c'est à la fois merveilleux et terrifiant. Je pose ma tête sur son ventre, je trempe sa robe, j'ose pas la serrer trop fort, mais je voudrais être encore plus près, encore plus quand je murmure : « Hé, toi ! Tu pourras la prendre, la place du haut. C'est promis, t'auras tous les droits. »

Les doigts endormis

Mathis

Fred descendit du train, se désolidarisa de la masse compacte qui se dirigeait vers la sortie, posa son sac sur le premier banc venu et attendit. Marcher lentement au milieu de la foule, entendre les gens respirer, ahaner, ou parler entre eux ou au téléphone avait toujours été pour lui une souffrance. Il attendit donc, observa les démarches des gens, la façon dont ils portaient, tiraient ou poussaient leurs valises et leurs sacs à roulettes. Des images de pachydermes, de singes et de bousiers lui vinrent à l'esprit.

Lorsque enfin les derniers voyageurs le devancèrent de quelques mètres, Fred cala son sac sur une épaule et leur emboîta le pas. Il aperçut tout de suite la silhouette filiforme de sa sœur à côté d'un distributeur de saloperies sucrées. Marcha droit sur elle.

– Salut, petite sœur, dit-il du haut de son mètre quatre-vingt-dix.

– Salut, grand frère, dit-elle du haut de son mètre soixante-sept.

Ils s'embrassèrent et se dévisagèrent un moment. Ils ne s'étaient pas vus depuis huit mois.

– Ça va, t'as l'air en forme, dit-elle. T'as pas un peu maigri ?

– J'en sais rien. J'm'en fous. Toi aussi t'as l'air en forme, et toujours aussi mignonne. Comment tu fais ?

– Je vais bien, c'est tout.

– Y a pas autre chose ?

– Qu'est-ce qui te fait dire ça ?

– J'sais pas. Un truc dans ton regard… Je saurais pas dire quoi mais il y a quelque chose. Tu dégages une impression de grande satisfaction.

Elle sourit.

– Viens, on parlera dans la voiture.

Ils quittèrent le hall de la gare TGV et se dirigèrent vers l'immense parking. Fred enregistra mentalement le bip de la commande à distance de l'ouverture de la voiture.

– Vu la taille de ton sac, j'imagine que tu ne restes pas longtemps.

– Le moins possible.

– Comme d'habitude.

– Y a des choses qui ne changeront jamais, j'imagine.

Fred ouvrit le coffre, y déposa son sac. Puis le clac du coffre que l'on ferme.

– Tu ne conduis toujours pas ?

– Toujours pas.

–Tu penses conduire un jour ?

– J'en sais rien. Je suis pas marié. Je conduis pas. J'ai pas de téléphone portable, pas d'enfant. Faut croire qu'il y a des trucs cassés chez moi.

– Un grand gaillard comme toi…

– En dedans, j'suis tout petit. Tu le sais bien.

Le clac des portes qui se ferment.

– J'suis enceinte.

– Ha ha, je savais bien qu'il y avait une drôle de lueur dans tes yeux ! J'ai le chic pour voir ce genre de trucs.

Le clic de la ceinture de sécurité côté passager.

– J'ai appris ça il y a trois jours.

– Le même jour que papa.

– Oui, une sacrée coïncidence.

– Il n'y a pas de coïncidences, Christine. J'y crois plus.

– C'est ce que je commence à me dire.

– Il serait temps. Ça t'aiderait dans ton boulot.

Le clic de la ceinture de sécurité côté chauffeur, puis le vrombissement du moteur qui démarre.

– À propos de boulot, qu'est-ce qui t'est arrivé à la main gauche ? demanda-t-elle. Tu t'es blessé ?

Fred inspecta le bandage de sa main.

– C'est rien. J'veux pas t'emmerder avec ça.

– T'as une sœur médecin, profites-en !

– Des médecins, y en a plein. Des sœurs j'en ai que deux. Je préfère profiter de mes sœurs.

– Toujours réponse à tout, hein ?

– Non, non… pas toujours. Je dirais même de moins en moins. J'ai plutôt réponse à rien en ce moment. Ça doit être l'âge. Je crois que c'est une saloperie de vieillir. Toutes les certitudes partent en couille.

– C'est plutôt positif ça, non ?

Le clic-clic clic-clic du clignotant.

– Pour certaines choses, oui. Par exemple, j'ai toujours pensé que ce serait de pire en pire et depuis quelque temps je me dis que peut-être pas. Certaines choses peuvent aller mieux. Je progresse…

– Heureuse de te l'entendre dire. Allez, dis-moi pour ta main.

Fred sourit. Sa sœur ne le lâcherait pas tant qu'il ne lui aurait pas dit le pourquoi du bandage autour de sa main gauche.

– OK. C'est un truc pas croyable et je sais pas vraiment quoi en penser. Ça a commencé il y a deux ou trois ans… je ne sais plus très bien. À chaque fois, le même scénario : des picotements dans les doigts pendant un jour…

– Tous les doigts ?

– Non. C'est ça qui est marrant. Juste le majeur et l'annulaire.

– Désolée, je ne vois pas le truc marrant.

– Ben… laisse-moi finir. Bon, des picotements dans les doigts avec la sensation qu'ils sont gonflés et puis plus rien. Je ne sens plus mes doigts. Impossible de les bouger. La première fois j'ai flippé, je me suis dit qu'ils étaient en train de pourrir. Qu'ils allaient contaminer les autres doigts, puis la main entière, le bras… enfin, tu vois. Finalement les picotements sont revenus et en deux jours tout était rentré dans l'ordre. En tout c'est arrivé trois fois. Sauf que cette fois mes doigts ne se « réveillent » pas.

– Ça fait longtemps ?

– Deux semaines.

– Tu as consulté ?

– Oui. Tu sais, il y aussi des médecins en ville. D'ailleurs la mienne est une très belle femme. Milieu de la trentaine, peut-être plus. Pas très grande, je dirais un mètre soixante-huit. Maquillée et habillée de façon sexy, parfois même en pantalon de cuir moulant. Je me demande si sa beauté lui amène des clients ou si, au contraire, lui fait perdre en crédibilité. Un docteur aussi canon, c'est un peu incongru. D'ailleurs elle s'appelle Christine, comme toi.

– Arrête…

– Pure vérité. Y a pas de coïncidences je te dis.

– Elle t'a dit quoi ?

– Les prises de sang et les radios n'ont rien donné. Mécaniquement, tout est en ordre et ça devrait fonctionner. Sauf que ça ne fonctionne pas. Elle pense que c'est psychologique et je crois qu'elle a raison.

– Elle t'a conseillé quelqu'un ?

– Oui, oui. Un psychanalyste. Je commence la semaine prochaine.

– C'est bien, ça. Bel effort ! Et ton bandage ?

– Une idée, comme ça. Il ne sert à rien. Sauf à signaler un mal que j'ai et qui ne se voit pas. T'en penses quoi ?

– J'en pense qu'à la maison je te referai ton bandage. Là, ça fait amateur. Et je ne vois toujours pas ce qu'il y a de drôle.

– Réfléchis.

– Pas aujourd'hui.

– Bon. C'est simple. Le pouce, c'est moi, l'aîné. L'index, c'est toi… le majeur…

– Ça va, j'ai compris.

– Et ça ne te fait pas rire ?

– Ah non, Fred. Je vois tellement de gens malades depuis des années que je n'ai plus la force de rire de ce genre de choses…

Fred perçut le léger tremblement dans la voix de sa sœur. Posa doucement sa main bandée sur son épaule.

– Christine… je voulais te dire merci pour t'être autant occupée de papa. Et désolé d'arriver à la dernière minute. Je pouvais pas arriver plus tôt.

– Je sais.

Le paysage devint familier à Fred et, comme à chaque fois des souvenirs sortirent soudainement de leurs tombes. Un grand coup de poing d'images et de sons. Fred se revit enfant, et ses frères et ses sœurs, Christine, Jérôme, Charles et Sylvie. À un moment donné, il connaissait chaque intonation des voix de ses frangins et frangines. Chacune de leurs mimiques. Il les aurait reconnus au premier coup d'œil entre mille. Maintenant, il n'en était plus aussi sûr.

Les congères le long de la route lui rappelèrent la formidable gamelle de Christine en luge. Lui et ses potes s'étaient bidonnés à en avoir presque une crise d'asthme. Et Christine, la tête rouge comme si elle allait exploser, qui pleurait et rageait, ne voyait déjà pas ce qu'il y avait de drôle. Il regarda sa montre.

– Ça va être chaud pour voir papa, non ?

– On est presque arrivés.

Ils quittèrent l'autoroute et arrivèrent dans une petite zone commerciale. Christine se gara devant un bâtiment en forme de cube.

– C'est là, dit-elle.

Fred respira un grand coup devant la porte d'entrée. Puis il suivit sa sœur dans le funérarium.

Il avait été décidé qu'ils iraient tous ensemble à l'église. Rendez-vous à la maison familiale une heure avant pour boire le café.

Les enfants faisaient la gueule sur le canapé. Ils montaient sans cesse le son de la télé pour couvrir les voix des adultes qui discutaient et

Fred avait fini par confisquer la télécommande, leur avait mis un film d'animation sous-titré et coupé le son. Puis il avait ajouté qu'aujourd'hui était un jour très spécial et leur avait demandé de se tenir tranquilles.

Christine, Sylvie, leurs conjoints, Nathalie (la conjointe de Charles), Fred et la mère sirotaient leur café lorsque Jérôme déboula dans le salon. Son insupportable petit sourire narquois aux lèvres. À l'autre bout de la pièce, ils pouvaient sentir son odeur de chien crevé. Ils regardèrent tous avec tristesse ce grand échalas de trente-sept ans qui tenait à peine debout. Ils avaient essayé de le soigner, vu moult docteurs, spécialistes et psys en tous genres, l'avaient envoyé faire des cures, inscrit aux Alcooliques anonymes et il avait déjoué toutes les tentatives de se faire soigner. Ils voulaient l'aider et lui voulait qu'on lui foute la paix. Qu'on le laisse boire, parce qu'il aimait ça. Il le disait. S'en vantait. Et lorsqu'on lui parlait de ses enfants pour le secouer un peu, il répondait tant pis, c'est comme ça, les parents boivent et les enfants trinquent, et ça le faisait rire. Du moins, il riait devant eux.

Il habitait au premier étage des parents qui ne s'étaient jamais résignés à le laisser à la rue. Il vivait à leurs crochets, dépensait son revenu minimum d'insertion en boissons et en drogues douces. En l'espace de six ans son corps avait considérablement changé. Son visage, surtout.

Bouffi, barbu, les cheveux hirsutes, les dents pourries, les yeux jaunes, la diction ralentie, c'était un beau portrait de poivrot. Un petit vieux avant l'heure. Fred avait un moment pensé l'emmener sur les hauteurs et le prendre en photo, avec leur village typique en toile de fond et en faire des cartes postales. Et puis il avait laissé tomber. Il n'arrivait pas à rire de l'état de son frangin.

– Jérôme, tu sais où nous allons tout à l'heure ? demanda Christine.

– Ouais… ouais… t'inquiète. J'maîtrise…

– Ah oui ? Tu maîtrises ? Il me semble qu'on t'a demandé quelque chose ce matin.

– Aaaah… me faites pas chier, hein ! Sinon j'vous préviens, j'me casse.

– Ouais, bonne idée, dit Fred. Va te coucher ! Ce sera mieux d'y aller sans toi.

Jérôme fit la moue. Le regard dans le vide. Son visage exprima de la confusion.

– Vous… vous allez quand même pas m'empêcher d'aller à l'enterrement de mon père !

Fred quitta sa chaise et se planta devant Jérôme.

– S'il vous plaît, dit la mère. Ne vous disputez pas. Pas aujourd'hui.

Fred l'ignora.

– Écoute, tête de nœud, on t'a demandé de te laver et de changer de fringues pour aller à l'enterrement de ton père qui, je te signale, était aussi le nôtre. Je crois que c'est la moindre des choses. Alors tu fais demi-tour, tu montes dans ton gourbi et tu fais ce qu'on te dit.

Jérôme ne réagit pas.

– Putain, réfléchis. Tu veux aller à l'enterrement de papa avec tes fringues qui sentent la pisse ?

– Toute façon… lui… où il est, c'est bon. C'est plus son problème.

– Bon. Je répète. Tu te laves… et tu te changes. Et à l'église tu fermes ta gueule. Si tu l'ouvres, j'te jure que je te détruis. Ça nous fera deux enterrements pour le prix d'un.

– Faut pas dire… des choses comme ça…

– Et pourquoi pas ? Papa était carreleur, tu es devenu carreleur. Papa est devenu alcoolique, tu es devenu alcoolique. Maintenant que papa est mort, pourquoi tu meurs pas, hein ? Ça nous ferait des vacances. Au moins ici on respirerait de l'air pur. Tu t'en rends peut-être pas compte mais tu pues à dix mètres ! Pire qu'une merde de chien !

– Fred, les enfants sont là, dit Sylvie.

– Tu rigoles ou quoi ? Ils l'ont tous vu par terre, la gueule dans son vomi. Et la fois où il s'était coupé et s'était endormi dans une flaque de sang ?

Silence gêné dans la pièce. Fred les regarda tous. Respira un grand coup pour se reprendre :

– C'est bon, j'arrête.

– Nan… j'suis pas d'accord… dit Jérôme.

– Va te laver, dit Fred.

– J'suis pas un… alcoolique comme vous dites.

– Va te laver, on part dans une demi-heure.

Jérôme hocha la tête.

– C'est bon. Puisque tout le monde est contre moi… j'vais me laver. Après, hein… faudra pas dire que j'suis pas… coopératif.

– Très bien, dit Fred.

Sauf que Jérôme ne fit pas demi-tour. Il marcha lentement jusqu'à la chaise libre autour de la table, la chaise de Fred, s'assit et dit :

– Maman, tu me sers un café ?

– Tu veux pas qu'on te lèche les couilles, aussi ? demanda Fred.

– Hé, maman c'est pas ta bonne ! dit Christine.

Sylvie se leva et fit un signe à Fred. Ils empoignèrent Jérôme et l'emmenèrent au premier étage.

– Si tu te débats, je te pète un bras, chuchota Fred.

Ils déshabillèrent, lavèrent et habillèrent Jérôme malgré lui. Puis Fred tailla un peu sa barbe en broussaille.

– T'es pas mieux comme ça ? demanda Sylvie.

Jérôme haussa les épaules.

– Oui… c'est sûr.

– Et l'autre qui est toujours pas rentré, soupira Fred.

– Tu crois qu'il est au garage ?

– La réponse est dans la question.

– Bon. Je vais demander à Nathalie de l'appeler.

– Laisse, je m'en occupe.

Fred se demanda dans quel état Charles allait rentrer. Lui aussi s'était exilé du cocon familial. Il habitait à plus de cinq cents kilomètres des parents et suivait invariablement le même scénario lorsqu'il rentrait à la maison. Il disait bonjour à tout le monde, laissait en plan sa femme et son gosse et allait voir ses potes garagistes. Il rentrait le soir, généralement à l'heure du repas, chargé à bloc d'alcool et de Fred ne savait quoi, sa culture en matière d'effets de stupéfiants était limitée.

– Nathalie, tu peux appeler Charles pour lui dire de se grouiller ?

– Je sais pas si c'est une bonne idée.

– Je l'appelle, moi, si tu veux.

Elle lui tendit son téléphone portable.

– Le numéro est fait, appuie juste sur la touche verte.

– Allô, Charles ?

Quelques grésillements.

– Ouais !

– Charles ! Salut, c'est Fred. On t'attend.

– Putain, c'est bon ! J'suis en route, là ! J'arrive !

– On avait dit qu'on partait à deux heures et demie et il est deux heures trente-cinq.

– Putain… hé, ça va ! Quand c'est pas Christine, c'est toi ! Arrêtez de m'dire ce que j'dois faire ! J'arrive, bordel !

Fred se retint d'ajouter quoi que ce soit d'autre. Il appuya sur la touche rouge et rendit le téléphone à sa belle-sœur. Charles déboula cinq minutes plus tard comme un bolide, fit crisser les pneus en freinant et se gara devant la maison. Ils sortirent tous et le froid de janvier les enveloppa aussitôt. Fred réajusta son écharpe.

– Ben alors, qu'est-ce que vous foutez ? J'vous attends ! dit Charles.

– Salut quand même, dit Fred.

Ils se serrèrent la main.

– Salut. Putain, c'était pas la peine de m'appeler. C'est bon, on a le temps ! L'église est à cinq minutes ! Y a pas l'feu ! Calmez-vous !

– On est calmes… dit Fred, les poings serrés dans les larges poches de son manteau.

La petite troupe se dirigea vers l'église. La mère avançait lentement, rapport à ses problèmes de circulation sanguine, et était bonne dernière. Charles lui proposa son bras et marcha quelques mètres avec elle.

– Hé, m'man… heu… tu sais que ça me coûte cher de venir jusqu'ici. C'était pas prévu et comme à la banque, j'suis à la cave… tu… tu pourras me rembourser le trajet ?

– Quoi ? Et… et tu crois que ça me coûte rien à moi ? Tu pourrais pas, juste une fois, penser à autre chose qu'à toi ?

– T'y réfléchis, hein ? Merci m'man !

Puis Charles rejoignit le groupe d'hommes et se mêla aussitôt de leur conversation. Abasourdi, Fred douta de ce qu'il avait entendu.

– Maman, je rêve où il t'a demandé des thunes l'autre crevard ?

– C'est rien, mon grand. Laisse tomber. Essaye de te calmer un peu. Pour une fois que vous êtes tous là, je veux pas d'histoire. Allez, pensez un peu à votre père…

– Mon père ? Mais j'y pense maman. Tu sais, j'habite loin mais je pense à lui. Tous les jours. Et à toi aussi. C'était quelqu'un, mon père. Je m'en souviens comme si c'était hier. C'est l'homme que j'ai le plus aimé sur terre. Plus que moi ! Mais le petit monsieur que j'ai vu ce matin dans son cercueil, ce pauvre type ratatiné qu'on va enterrer aujourd'hui, qui menaçait tout le monde et te traitait de pute en public quand il était bourré, c'est pas mon père. Ah, non ! Je le connais pas, lui. J'ai jamais voulu le connaître. Pour moi, ça fait dix ans que papa est mort. Ça fait dix ans que je le pleure.

Sa mère lui prit la main.

– Je sais, mon grand. Je sais.

– C'est comme les deux autres, là… Quand j'y pense, c'est pas croyable ce qu'ils sont devenus.

On s'était tellement fendu la gueule autrefois… Je les reconnais pas, mes frangins. Quand je les écoute parler j'ai des envies de meurtres.

– Dis pas ça. C'est pas bien.

– Il y a un mois j'ai rencontré deux frères qui bossent ensemble. J'étais stupéfait. J'y avais jamais pensé. J'étais content pour eux, mais alors moi, ça m'a rendu triste, mais triste… d'ailleurs je me suis soûlé ce jour-là.

– Et ta main ? Tu m'as pas dit pourquoi elle est bandée. Rien de grave ?

– Non, t'inquiète. Je me suis juste foulé un doigt en jouant au basket avec des potes. Dans deux semaines ce sera fini. Ça me fait penser que j'ai oublié de demander un truc à Christine.

Fred rejoignit sa sœur médecin qui marchait en tête, tenant sa plus jeune fille par la main.

– Christine !

– Oui ?

Il lui montra sa main bandée.

– Et si je me faisais couper les deux doigts qui déconnent ?

– C'est idiot ! En plus, ça ne servira à rien. Les amputés disent qu'ils sentent encore le membre qu'on leur a coupé. Parfois même ce membre les fait souffrir. On ne se débarrasse jamais complètement d'un de ses membres. J'ai des documents là-dessus. Je te les prêterai.

– Merci mais c'est pas la peine. Je le savais. Je voulais juste en être sûr.

Zone de transit...

Charlotte Moundlic

Il fait nuit et les bruits étranges des lattes de parquet qui craquent me filent un peu les chocottes, mais bon je n'ai pas le choix, je dois dormir là si je veux que ma cause soit enfin entendue.

Ça fait des années que ça dure, des années pendant lesquelles, bonne fille, j'ai tout fait pour arranger tout le monde. Si je récapitule, ça a commencé dès ma naissance : un couffin au pied du lit de mes parents.

Deuxième épisode : dans la même chambre que mon frère, six années atroces. Il rasait les ours, les poupées, cassait mes affaires et me faisait même parfois dormir sous son lit, comme ça, juste parce qu'il était énervé. On se disputait sans arrêt, c'était l'enfer sur terre.

… Là, c'est assez désagréable, il y a un truc qui me rentre dans les côtes mais bon c'est rien, juste un bout de carton qui reste de mon panneau. Demain c'est la négo, il faut absolument que je dorme si je veux être en forme. Mais j'ai beau me tourner dans tous les sens, il n'y a pas de position confortable. Je n'arrive pas à me vider la tête, je vais essayer de compter les gouttes qui tombent du radiateur qui fuit, dans le noir c'est pas évident mais en me repérant au nombre de *clop*, je devrais y arriver…

… Après, on a déménagé et j'étais trop contente. Ce nouvel appartement, au départ, c'était un peu le paradis : entrée, cuisine, salle de bains, salon, une salle à manger. Mais surtout trois chambres. À six ans, je savais déjà bien compter : une pour mes parents, une pour mon frère et une pour moi.

J'ai vécu quelques mois parmi les plus beaux de ma vie. Une chambre toute neuve, la plus belle, grande et lumineuse. Malheureusement, ces instants divins n'ont duré que peu de temps. Puisque le vice caché de l'appartement n'a pas tardé à se faire annoncer, ma mère était enceinte. Et hop, une habitante de plus : ma petite sœur qu'il a bien fallu caser quelque part…

… Je commençais à peine à m'endormir et voilà qu'un rai de lumière sous la porte arrive direct sur mon œil, ça m'éblouit. Pourvu qu'il ne sorte pas, je dois rester silencieuse, ne pas bouger un cil, je me crispe sur mon matelas. Si je me fais repérer mon action est foutue...

... Épisode trois, où ce qui devait arriver arriva. Ma chambre envahie, dévastée pour être plus précise. Squattée par un berceau, une table à langer, une commode et, pire que tout : leur propriétaire.

Mon frère allait entrer au collège, avait besoin de calme pour travailler. C'était donc à moi de partager ma chambre, la plus grande, la plus belle, la plus lumineuse...

... Avec du recul, allongée là au beau milieu de presque nulle part, je réalise que je ne sais pas comment j'ai pu imaginer que ça pourrait se passer autrement.

Donc, mon enfer a repris mais en pire, parce que cette fois-ci, j'avais eu le temps de m'habituer au luxe. Je n'avais plus de chez-moi : je devais libérer la chambre pendant les siestes, ne pas faire de bruit, lire des histoires quand elle se réveillait tôt, l'occuper quand elle agaçait tout le monde. Pour ainsi dire tout le temps.

J'en suis même venue à regretter l'époque où je cohabitais avec mon frère mais j'ai eu beau le supplier de me reprendre, promettre de lui filer tout ce qu'il voulait, de redormir sous son lit... rien n'y a fait.

Il m'a virée en moins de deux, pas question pour lui d'avoir à écouter ma musique d'attardée mentale et surtout de renoncer à sa tranquillité. Je ne lui en ai pas vraiment voulu. Pour être tout à fait honnête, j'aurais fait pareil.

... Qui aurait pu imaginer que je me retrouverais un jour dans cette situation inextricable. J'ai attendu sagement, sans faire de vagues le jour programmé de ma libération. Ce jour où le mot « intimité » devait enfin reprendre tout son sens. Ça fait des mois que je compte les jours. Mes parents me l'ont promis lors d'une des nombreuses crises : à la fin de la cinquième, en milieu de collège, on devait tourner et je devais avoir MA chambre.

Et hop là, c'était là, la semaine dernière, pour ma rentrée en quatrième, des mois que je préparais le plan de ma chambre, la couleur de la peinture, l'agencement des meubles. Dans ma tête, tout était prévu.

Malheureusement, dans ma tête seulement...

En vrac, voilà ce qu'on m'a répondu :

– On verra...

– Rien n'est décidé.

– Tu es sûre qu'on avait dit ça ?

– Je ne m'en souviens pas...

– On ne va quand même pas demander à ton frère, qui redouble sa terminale, de partager sa chambre avec ta petite sœur.

– Vous êtes grandes maintenant.

J'ai lutté mais la sentence est tombée comme un couperet injuste et sans appel : Personne ne bouge, arrête de nous emmerder, on décidera à Noël.

Je n'ai pas eu le choix. Ma patience a des limites et je réalise enfin qu'elles ont été dépassées il y a longtemps déjà.

S'ils ne veulent pas atteindre le point de non-retour, il faut que ça change, dans le respect de leurs engagements. C'est bien simple : on doit bouger ou ça va péter. Cette décision radicale a été mûrement réfléchie. J'ai conscience des risques que je prends mais c'est ma dernière cartouche, il faut que ça marche. Jusqu'à ce que j'obtienne la réouverture des négociations, telle une *warrior*, je squatte le couloir et c'est ma première nuit.

J'ai choisi cet emplacement pour son aspect stratégique évident. Je dirais même que c'est un choix politique : juste entre les deux chambres. Je suis une Sans Dortoir Fixe qui souhaite attirer l'attention. Ce couloir n'est pas immense et mène à la cuisine, impossible de me rater. Depuis hier soir ma sœur n'est pas là, elle passe la nuit chez une copine. J'avoue, j'ai tout de même failli reculer, pour une fois que je pouvais profiter tranquille de la chambre. Mais bon, faut savoir ce qu'on veut dans la vie, c'est maintenant ou jamais.

Après le dîner, une fois que mon frère et mes parents se sont couchés et avant que je tombe de sommeil, j'ai traîné mon matelas pour le coller au beau milieu du passage. Dans ce couloir où, pour circuler, il va falloir m'enjamber. J'ai installé dans le prolongement ma table de nuit avec ma lampe pour pouvoir bouquiner. Bien décidée à ne pas bouger tant qu'une décision juste et équitable ne serait pas prise, j'ai posé à une extrémité le premier panneau : zone de transit provisoire, et à l'autre bout : centre d'hébergement de la requérante d'asile actuellement en attente d'une décision. Je voulais un message clair direct sans ambiguïté. J'ai bien réfléchi à la formulation, ça me semble nickel.

… Arrivée quatre cent soixante-sept clop, épuisée par toutes ces émotions, je finis enfin par m'endormir.

Le réveil est un peu étrange, je ne sais plus du tout où je suis. Un petit ricanement me sort de mon sommeil. C'est mon frère qui ne manque pas de bien se foutre de ma gueule comme à son habitude. Il me demande de dégager parce qu'il crève de faim et qu'il doit aller jouer au ping-pong. Je le remercie pour son geste de solidarité et ses messages de soutien mais je ne bouge pas, il peut toujours courir. Il passe par-dessus moi en me filant un petit coup de pied au passage.

Puis tout s'enchaîne, arrivent mes parents que ça fait beaucoup rire, aller puis retour. Ils enjambent le matelas et ma mère me dit qu'elle espère bien que ce sera rangé quand ils rentreront du marché. Je constate qu'une fois encore personne ne me prend au sérieux. Mon frère est parti, mes parents aussi, la voie est libre. Tant mieux parce que je meurs d'envie de faire pipi et j'ai super faim. J'avale un petit déjeuner en vitesse, je file sous la douche. Quand ma sœur rentre de chez sa copine, je suis habillée, assise sur mon matelas avec un bon bouquin.

Elle, ne ricane pas, lit mes panneaux, me demande ce que ça veut dire, écoute mes explications en écarquillant ses yeux de merlan frit. Elle ne dit rien puis rentre dans la chambre pour en ressortir quelques minutes plus tard en me demandant quels sont mes plans. Je souhaite simplement la réouverture des négociations dans le respect des engagements pris il y a plusieurs mois déjà. Elle me suggère de demander la mise à disposition de la salle à manger. Elle rêve, c'est la pièce préférée de notre mère, celle grâce à laquelle elle peut s'imaginer avoir une vie sociale palpitante. Mais ma sœur, qui n'est pas toujours débile, me propose que nous calculions le nombre de jours par an où cette pièce est utilisée. À part Noël et genre maximum cinq soirs par an, elle est toujours vide et donc sous-employée. J'ai besoin de savoir si elle est solidaire et lui pose la question. Tout à fait me dit-elle. Et même si je ne peux pas m'empêcher de penser que c'est surtout parce qu'elle y voit son propre intérêt, c'est la première fois que nous sommes unies et ça m'émeut.

Quand mes parents rentrent les bras chargés par leurs courses, ma sœur leur file un coup de main pour qu'ils enjambent le campement mais sans cesser de scander : « SO-SO-Solidarité avec les mal-logés ! » Puis mon frère rentre et lui file une tarte pour qu'elle la ferme. Ce geste de violence alors que notre mouvement est pacifiste me met hors de moi. Du coup je commence à l'insulter et ma mère arrive en hurlant que ça commence à bien faire et que si ça continue comme ça, elle nous enferme tous dans nos chambres sans déjeuner. Je lui signale que moi, j'y suis dans ma chambre et que je ne bougerai pas tant que les négociations ne seront pas réouvertes. Je glisse au passage que nous avons une piste de réflexion à proposer. Mais je sens en voyant ma mère hausser les épaules en tournant les talons qu'elle n'est pas complètement prête à discuter. Et encore elle ne sait même pas qu'il s'agit de sa salle à manger.

Au bout de plusieurs heures d'occupation pendant lesquelles ma sœur surveille le campement quand je me lève, la tension monte d'un cran chaque fois que quelqu'un passe dans le couloir. Quand mes parents comprennent que je suis plus que jamais motivée pour entamer ma deuxième nuit, ils ne viennent même pas me dire bonsoir.

Le dimanche matin nous sommes en train de prendre le petit déjeuner avec ma sœur sur le matelas quand mon frère se lève en nous insultant. Nous on s'en tape, on est habituées mais ma mère, qui l'a entendu, surgit du bout du couloir et on se dit que ça va chauffer. Sauf que, au lieu de l'engueuler elle lui fait part très calmement de ses réflexions nocturnes. Après tout, lui dit-elle en me donnant raison, un engagement est un engagement et puisque le privilège d'avoir sa chambre seul ne l'a pas empêché de rater son bac, elle annonce qu'on va tourner.

Mon frère encaisse la nouvelle avec un changement instantané de comportement. Et, hop, le voilà assis sur mon matelas, solidaire lui aussi.

Tout à coup l'idée de la salle à manger lui semble être vraiment brillante. Nous voilà donc tous les trois assis côte à côte au milieu du couloir, tentant d'établir une répartition équitable des mètres carrés en fonction des besoins de chacun. Ça prend un temps fou ce type de réflexion. Au bout de quelques heures mon père, qui s'était bien gardé de s'exprimer jusque-là, vient nous allumer la lumière du couloir car il a peur qu'on s'abîme les yeux. Avant de repartir au salon il se retourne et nous dit que ça lui fait plaisir car pour la première fois depuis très longtemps, ils ont pu avec ma mère lire et discuter dans le calme.

C'est vrai que d'habitude on s'engueule tellement que personne n'écoute personne. J'avoue que moi aussi ça me fait chaud au cœur, je n'ai aucun souvenir qu'on se soit un jour marrés comme ça tous les trois. J'ai plaisir à penser que c'est un peu grâce à moi. Pour la première fois je me sens comme le tarama entre deux tranches de pain.

Je leur relis à haute voix la lettre dans laquelle nous demandons officiellement la mise à disposition pour moi de la salle à manger. Ma sœur gardera la grande chambre car elle a beaucoup de jouets et donc besoin de plus de place. En contrepartie, je m'engage à laisser un mur vide pour pouvoir y appuyer les chaises et la table repliées. Je propose aussi de libérer l'espace les soirs de réception après l'avoir rangé bien entendu. Mon frère suggère que je rajoute « avec en prime un coup d'aspirateur et les vitres lavées ». Je lui rappelle le principe de solidarité et lui propose qu'on le fasse ensemble. Il n'insiste pas, alors on laisse tomber. Je me dis que ça peut servir de cartouches supplémentaires en cas de résistance dans la partie adverse.

Nous décidons à l'unanimité d'envoyer la plus jeune porter la lettre. C'est elle qui risque le moins dans cette histoire. On donne une échéance : une réponse pour le lendemain soir.

Chacun regagne sa chambre un peu fatigué et moi je m'endors dans mon couloir assez contente. Le lendemain tout se précipite, je reçois une convocation écrite à laquelle je réponds que je viendrai avec mon comité de soutien. J'attends tranquille sur mon matelas avec ma sœur, en jouant au backgammon.

Je suis confiante mais quand même un peu stressée.

À 18 h 30 mes parents viennent nous chercher. Mon frère n'est pas rentré. Tant pis il prendra la réunion en cours. Finalement il arrive en s'excusant. Ça surprend tout le monde car ce n'est pas dans ses habitudes. On commence. C'est mon père qui prend la parole. Il dit qu'après avoir mûrement réfléchi, ils ont décidé ensemble, moi je crois que c'est surtout lui quand je vois la tête de ma mère, que notre demande est recevable. Il nous félicite pour la manière dont le dossier a été établi. Mais, nous précise-t-il, c'est à l'essai, pour six mois et ils attendent de notre part un comportement responsable, respectueux et surtout calme à l'image de ces deux derniers jours.

Je suis hyper contente, j'ai envie de sauter de joie mais l'instant est solennel et ne s'y prête pas. Nous signons le protocole d'accord provisoire avec, de mon côté, la ferme intention qu'il devienne définitif à Noël.

Le soir même je m'installe, je traîne mon matelas du couloir à la salle à manger ou plutôt à ma chambre bientôt aidée par ma sœur et même mon frère. C'est le foutoir, rien n'est installé mais je suis trop contente. En me couchant, je me dis que j'ai gagné bien plus qu'une chambre. Au départ je voulais un endroit pour me planquer et finalement, c'est tout le contraire. J'ai adoré ce couloir, je le quitte avec un peu de mélancolie. C'est finalement grâce à lui que je me sens exister, à ma place. Et surtout je suis respectée… et ça, je trouve ça cool. Je vais super bien dormir sans avoir besoin de compter les gouttes.

Le compte à rebours

Mikaël Ollivier

– Turboréacteurs ?
– Enclenchés.
– Allumage des tuyères ?
– OK.
– Compte à rebours…
– 10… 9… 8…

Je vérifie mes harnais. Ça va secouer. Le vaisseau n'est pas facile à piloter seul. Le levier de commande est serré entre mes mains. C'est la première fois. J'ai le cœur qui cogne dans ma poitrine.

C'est le jour de la mort de notre père que Félix, mon frère, a inventé notre vaisseau spatial. J'avais six ans à l'époque, lui douze. Dans trois jours, c'est moi qui aurai douze ans.

La veille de notre premier vol intersidéral, j'avais vu mon père pour la dernière fois. Je l'avais à peine reconnu. Quand notre mère nous a annoncé « la nouvelle », je n'ai rien dit, je n'ai même pas pleuré. Je me suis enfermé dans la salle de bains et, avec des ciseaux, j'ai coupé mes cheveux le plus court possible, puis j'ai pris la bombe de mousse à raser pour m'en mettre sur le crâne comme de la chantilly sur un gâteau. Ça sentait mon père le matin quand il m'embrassait après sa toilette. J'ai pris son rasoir, entre les deux lames duquel se trouvaient encore coincés quelques poils de barbe, pour me faire la boule à zéro, et pas mal d'égratignures. Quand ma mère a vu ça, elle a mis sa main devant sa bouche et elle est partie pleurer dans sa chambre. Depuis tout petit je ressemble à mon père, et ça a dû lui faire un choc que je me sois fait la tête qu'il avait à l'hôpital. J'ai regretté aussitôt, mais c'était trop tard.

Félix me regardait. On était près de la fenêtre du salon, qui donne sur le jardin. Il a tourné ses yeux vers le vieux pommier. Puis il m'a souri et m'a dit d'aller chercher des bonbons dans la cuisine, deux briquettes de jus de fruits et de l'attendre.

Quand il est revenu, dix minutes plus tard, il n'avait plus de cheveux non plus. Il m'a lancé : « Viens, grouille ! »

Je l'ai suivi jusqu'au pied du vieux pommier. Il m'a dit qu'à partir de ce jour, on était des extraterrestres dont la mission secrète était d'explorer le système solaire. Et que le vieux pommier était notre vaisseau spatial.

Il s'est mis à grimper. Je l'ai aussitôt imité. Il s'est installé à mi-hauteur de l'arbre, à califourchon sur une grosse branche, contre le tronc, prenant entre ses mains le moignon usé d'une vieille branche cassée en guise de levier de commande. Il s'est mis à parler avec une voix martiale, comme les types en uniforme dans les films de guerre.

– Je suis Klorgs, le capitaine Klorgs. Ça se prononce kay-lorz. Tu es mon copilote : Zlurgbs. Ça se prononce comme ça s'écrit.

Il m'a désigné une branche, plus basse que la sienne, qui serait mon poste de contrôle, puis un trou dans le tronc pour la réserve à vivres, bonbons et jus de fruits.

Il a lancé le compte à rebours et le vieux pommier s'est mis à trembler. Ça secoue toujours un peu, au décollage.

Cet après-midi-là, on a fait un tour vers les anneaux de Saturne, et je n'ai pas pensé une seule fois à mon père.

Nos cheveux ont repoussé ensuite, mais en six ans d'exploration, le système solaire n'a plus eu de secret pour nous.

– 7… 6… 5…

Félix a eu son bac avec un an d'avance. Il est parti ensuite douze mois en stage au Québec. Au début, il m'envoyait une carte postale par semaine, toujours des paysages enneigés, ou des animaux – élan, orignal, baleine… Il me racontait sa vie à Montréal, me demandait des nouvelles de mon entrée au collège, me disait d'être sage avec maman et de bien entretenir notre vaisseau. Puis il n'y a plus eu qu'une carte par mois, et plus de carte du tout.

Il rentre aujourd'hui. La date est entourée en rouge depuis des semaines sur mon calendrier mural.

Je me suis levé tôt ce matin pour briquer le pont. Le vaisseau devait être impeccable pour le retour de son capitaine. J'ai enlevé des mousses, des lichens, dégagé quelques feuilles mortes, coupé un ou deux rameaux tout secs. De mon poste de contrôle, j'ai fait tourner le moteur quelques minutes, comme chaque jour depuis un an, pour être sûr que la batterie ne se vide pas. J'ai même préparé un plan de vol jusqu'à la ceinture d'astéroïdes, la zone préférée de Klorgs. J'ai mis un paquet de bonbons et deux jus de pomme dans la réserve et j'ai attendu.

Jamais les secondes, les minutes et les heures ne se sont autant traînées. Le temps a passé lourdement, collant comme le goudron d'une route à midi en été.

Enfin, j'ai entendu le bruit des graviers sous les roues de la voiture. J'ai sauté de l'arbre et j'ai couru.

Félix avait changé. Il n'avait pas beaucoup

grandi, sa coiffure était la même, mais quelque chose était nouveau en lui, dans sa façon de se tenir, dans ses yeux, dans le sourire qu'il m'a lancé en sortant de la voiture. Sa main gauche traînait derrière lui, et j'ai vu qu'une autre main, plus petite, était serrée entre ses doigts. Elle était brune, les yeux couleur de miel et très jolie. Elle m'a souri.

– Tu dois être Maxime ?

Elle avait un drôle d'accent, j'ai senti ma gorge se nouer.

Maman est sortie de la voiture à son tour. Elle aussi avait quelque chose de changé dans le regard, et donnait l'impression d'être plus vieille que le matin même au petit déjeuner. Elle souriait, mais c'était comme le soleil en automne, un peu triste et pas vraiment chaud.

Je n'ai pas su quoi faire, si je devais embrasser Félix, sauter dans ses bras, le prendre tout de suite par la main pour l'entraîner vers notre vaisseau spatial… Un drôle de creux venait d'apparaître dans mon ventre, dans lequel j'avais peur de tomber.

On est rentrés tous les quatre, on a bu un verre autour de la table de la salle à manger. Personne n'était à l'aise, les phrases avaient du mal à s'enchaîner les unes aux autres. Léa n'arrêtait pas de sourire, parce qu'elle ne savait pas quoi faire d'autre, et Félix ne lâchait pas sa main. Dans mon ventre, le creux ne s'arrêtait plus de grossir.

Je suis sorti attendre au pied du vieux pommier.

Le temps s'est remis à passer, hoquetant, et le soleil a décliné dans le ciel. On n'avait jamais décollé de nuit, Félix et moi, et je ne pouvais m'empêcher de regarder ma montre toutes les trente secondes.

Avec une pelote de larmes dans la gorge qui m'empêchait de respirer, j'ai fini par me dire, furieux, que j'étais trop bête de rester comme ça sans oser dire à mon frère que je l'attendais depuis un an pour remonter dans les étoiles.

D'un pas décidé, je l'ai cherché dans le jardin, dans le salon, la cuisine. Je l'ai vu enfin à l'étage, par la porte entrebâillée de la chambre d'amis. Allongé sur le lit, le capitaine Klorgs était dans les bras de Léa. Une main glissée sous son T-shirt, il lui caressait les seins. Ils s'embrassaient, avec d'horribles bruits de langues.

Dehors, la nuit n'était plus loin. J'avais la sensation d'un précipice devant moi, qui tombait sur un désert plus vide encore que l'espace galactique. Je savais que plus rien ne serait jamais pareil, qu'il était déjà trop tard.

Seul au monde, je suis remonté dans le vieux pommier, deux branches plus haut que d'habitude. Je me suis installé à la place du capitaine, et j'ai pris en main le levier de commande.

Ma respiration est courte, ma vue se trouble. Je passe la main sur la visière du casque de la combinaison pour en chasser la buée. Je renifle un grand coup.

C'est une nouvelle mission qui commence.

– 4… 3… 2… 1…

La gloire de mes sœurs

Florence Thinard

Mes parents m'ont donné un frère et la vie m'a offert des sœurs.

On dit que certains Indiens d'Amérique devenaient frères de sang en s'entaillant les poignets et en joignant leurs plaies. Longtemps, il y eut en Europe des frères et des sœurs de lait, abreuvés aux seins de la même nourrice. Moi, j'ai des sœurs de cœur et nos âmes boivent aux mêmes sources.

Mes sœurs n'ont, pour la plupart, pas le moindre chromosome en commun avec moi. Ainsi mes sœurs ont des cheveux roux, bruns, blonds, noir d'ébène et même gris parfois, maintenant. Il y a parmi elles de grandes belles plantes, des tailles mannequins et de petites femmes graciles. Elles sont françaises, philippines, algériennes... Bien qu'elles fassent partie de ma famille, elles ne se connaissent pas toujours. Il se peut même que certaines d'entre elles ne sachent pas à quel point nous sommes sœurs !

Cette sororité choisie n'est pas moins solide que la sororité familiale. Je connais de « vraies » sœurs qui ne s'embrassent qu'à Noël, débinent l'amoureux de l'autre dans son dos, remâchent des jalousies de vingt ans d'âge et refuseraient de se prêter une culotte propre.

Mes sœurs à moi le sont devenues au fil d'années de coups durs et de fous rires, de livres échangés, de fêtes mémorables, de crises de larmes qui ne l'étaient pas moins, de naissances d'enfants, de mariages et de divorces, de maladies, d'embrassades et de disputes. Car, comme toutes les sœurs, les miennes m'énervent, prennent la mouche, claquent la porte, laissent des messages, pensent à moi, pardonnent, ouvrent leurs bras et leur cœur. Je sais qu'à toute heure du jour et de la nuit, et même si je n'ai pas donné de nouvelles depuis cent sept ans, elles m'écouteront au téléphone, viendront me chercher à la gare, sortiront la théière ou l'apéro, déplieront leur canapé, pleureront de mes chagrins, jubileront de mes succès et n'hésiteront pas une seconde à me secouer les puces si nécessaire. Je fais de même à leur égard, cela va de soi.

En théorie, mes sœurs pourraient n'être « que » mes amies. Mais il me semble qu'elles m'ont construite, que nos sangs se sont mêlés, qu'elles partagent mes souvenirs, ma vie d'aujourd'hui et peut-être mes vies passées.

J'ai trouvé mes deux premières sœurs dans ma famille. C'est une chance car, du coup, je les ai connues toutes petites. Mes cousines, Marie-Claude et Sylvie, ont quelques années de plus que moi. Ce fut une aubaine, car elles me permirent toute une série de « premières » qui me firent passer du statut de Bécassine, la cousine de province un peu rustique, à celui d'adolescente raisonnablement dans la norme. Premier vernis à ongles, premier disque de pop, premières et précieuses informations sur les garçons et les passionnantes activités auxquelles on peut se livrer en leur compagnie, premiers jeans, premier blouson de cuir, premiers talons hauts et premier sac à main. Dans la foulée, première sortie en boîte de nuit, première cigarette, première ivresse aussi, et, summum de la liberté, premières vacances sans parents... Leurs bandes de copains respectives furent pour moi des viviers inépuisables de conquêtes et de chagrins d'amour. Comme mes résultats scolaires en pâtirent passablement, je leur dois aussi mon premier redoublement et ma première année de pension.

Aussi éloignées que nous puissions être à présent, il y a toujours en moi une jeune fille de quinze ans éperdue de reconnaissance pour la générosité dont elles firent preuve en m'offrant leurs jeux, leurs confidences, leurs placards, leurs trousses à maquillage et leur moqueuse mais indéfectible affection.

Corinne fut ma sœur durant de longues et tumultueuses années d'adolescence. D'elle, j'appris la jalousie et la légèreté. Toutes mes sœurs sont belles, mais Corinne était une jeune fille exquise quand je n'étais qu'une sauvageonne mal embouchée. Tout en elle me paraissait parfait et enviable : le velours mat de sa peau de Méditerranéenne dont les pommettes rougissaient en pomme d'api, l'arc noir de ses sourcils, ses dents blanches, son rire malicieux, ses ongles roses et polis, ses cheveux insolemment bouclés. J'étais fascinée, comme l'étaient tous les garçons à dix kilomètres à la ronde. J'appris à mes dépens qu'être la meilleure amie de la plus jolie fille du collège n'est pas de tout repos ! Nous avons partagé de grandes rigolades qui ensoleillaient l'insondable ennui de notre petite ville endormie, maintes déconvenues scolaires et peines de cœur. J'appris aussi, à côtoyer cette joyeuse beauté, des rudiments de sensualité et d'élégance, quelques fines stratégies de séduction et des airs d'opéra qui m'accompagnent toujours. « Comme la plume au vent, femme est volâââge, et bien peu sââge, qui s'y fie un instant… »

Ma sœur suivante se fit attendre, puisqu'elle n'arriva qu'à la faculté. J'étais alors étudiante en histoire, fraîchement débarquée à Paris, raide de timidité et de vanité mal placée. Un jour, longtemps après le début d'un cours et dans un silence réprobateur, arriva un petit bout de femme ravissant, portant des escarpins orange, un perfecto de cuir rouge et une grande mèche de cheveux bleus. Elle dérangea trois personnes pour gagner une place libre au premier rang, quand j'aurais rampé dans un coin sombre. Et je pensais avec le mélange de mépris et d'envie qui ronge les élèves trop sages : « En voilà, une culottée ! »

Elle eut en effet assez d'aplomb pour engager la conversation avec moi, malgré mes grands airs grognons. Et jamais, depuis trente ans, Anne ne s'est laissé rebuter par mon caractère emporté et mes jugements à l'emporte-pièce. Je reçus d'elle un vivifiant élan de modernité, la découverte de Simone de Beauvoir et de Chester Himes quand j'en étais encore à Balzac, le Paris des salons de thé, des bistrots et des boutiques du Sentier. J'en reçois encore une infinie tendresse, des mots d'amour qui gonflent mon cœur et redressent mes épaules, des recettes de cuisine, des conseils en tous genres, le tout assaisonné d'un humour ravageur et d'une perspicacité incisive.

Il m'arrive de me demander ce que j'ai fait pour mériter aussi belle affection, mais c'est là un puissant charme de mes sœurs que de m'aimer sans conditions.

Une autre Corinne surgit sur mon chemin à l'heure des études de sciences politiques. La fille que j'aurais aimé être si je n'étais pas moi (et surtout si j'avais eu le choix !) : globe-trotter, journaliste brillante et intègre, violoncelliste passionnée, et là-dessus une allure de top-model et un cœur d'or. Capables de parler à perdre haleine, nous nous comprenons sans mots. La vie nous sépare souvent par quelques heures d'avion et des mois de silence. Et bien que nos conversations reprennent au point exact où nous les avions laissées, avec une ferveur, une vivacité et une joie intactes, cette sœur-là me manque souvent.

Comme l'écrivain Colette, j'ai aussi une sœur aux longs cheveux. La sienne était « toujours pâle et absorbée » tandis que la mienne a un teint de vieil ivoire et le rire le plus communicatif qui soit. D'un élan joyeux qui plisse ses yeux d'Asiatique, Lolita peut faire s'esclaffer, par pure contagion, toute la file d'attente d'un cinéma. Ses longs, ses immenses cheveux noirs ne se dénouent que pour les grandes occasions et se plient au quotidien dans une tresse épaisse et vivante qui lui bat les reins comme un serpent. De ses mains aux doigts puissants, Lolita soigne, masse et mitonne des petits plats avec maestria.

Petite, délicate, on oublierait facilement qu'elle est ceinture noire de karaté si elle n'irradiait une force et une volonté que je n'ai jamais vues plier. Grande voyageuse, ma sœur venue des antipodes m'a tenue ouverte au monde en des temps de repli et me délivre à chacune de nos retrouvailles, entre un éclat de rire et une flûte de champagne, de fines perles de bon sens.

Sandrine, elle, toucha mon âme avec un carré de chocolat noir. La vie, alors, était âpre. J'avais déménagé en urgence dans une ville inconnue et, secouée comme un prunier par des tourments familiaux, déstabilisée, blessée, je m'accrochais à un nouveau travail comme à une bouée de sauvetage. Le nez dans le guidon d'un journal à diriger j'en oubliais le boire et le manger, anxieuse de ne pas gâcher ma chance.

Un jour de bouclage frénétique, je vis surgir dans mon bureau le sourire pointu et les cheveux en pétard de cette jeune femme rayonnante d'intelligence, avec qui je n'avais encore échangé que quelques mots. Telle Mary Poppins, elle sortit de son cabas une boîte de taboulé frais, une fourchette, une serviette en papier, et tout au fond, bien emballé dans du papier d'argent, brillant comme une pépite d'amitié, un morceau de chocolat. Là-dessus, elle m'expliqua doctement que sauter des repas était mauvais pour la santé et me souhaita bon appétit. Mon cœur fondit de reconnaissance.

Sandrine m'ouvrit sa maison, sa ville, sa vie. Elle fut de la terre ferme et accueillante où je repris pied en vacillant. Des secrets et des souvenirs nous lient intimement, et maintes fois j'ai puisé dans sa sagesse raisonnable et sa subtile intuition.

Plus tard, je déménageai encore. Sandrine porta mes cartons, conduisit mon camion de location et fit avec moi route vers ma nouvelle vie. Une fois rassurée sur mon sort, elle rentra chez elle, sans jamais me quitter tout à fait.

Entre-temps mon frère unique et préféré, qui a parfois des idées bizarres, avait eu un éclair de génie en me dotant de la meilleure des belles-sœurs. Drôle, malicieuse, le cœur sur la main, bricoleuse hors pair, cuisinière inspirée, possédant un fameux répertoire de chansons françaises, j'ai reçu Noëlle comme un cadeau. La vie m'apprit ensuite sa fidélité sans failles et son sens aigu de la solidarité familiale. Noëlle, ce pourrait être ma sœur même sans mon frère !

J'ai aussi une sœur astrale, car nous partageons le même jour d'anniversaire à quelques années près, et je suis l'aînée. En présence de peu de personnes je suis aussi sincèrement et simplement moi-même qu'avec Muriel. Nous sommes tellement sœurs que j'ai pleuré à chaudes larmes la mort de sa mémé, tant j'ai eu le sentiment de perdre ma troisième grand-mère. Muriel est la marraine de mon fils, chargée d'assurer une présence maternelle à ses côtés si je venais à manquer. Parfois, je présente sa fille comme ma nièce, ne trouvant d'autres mots pour définir l'étroitesse de nos liens. Les péripéties de nos vies sont fondues l'une dans l'autre au point que je peine à en démêler l'écheveau. Il nous est arrivé de nous rejoindre par la pensée à travers des continents et des océans, et nous nous émerveillons souvent de la chance inouïe qui fit se croiser nos chemins.

La mort nous séparera un jour, mais seulement pour un moment. Nous sommes déjà convenues que, comme à nos autres rendez-vous, la première arrivée attend l'autre.

Car la vie donne et la vie reprend. Un soir froid d'un sinistre février, Francine, ma sœur belle du Nord, s'en est allée arpenter d'autres cieux. Je garde au cœur le sourire de ses yeux bleus et, dans un pot d'étain, une angélique de son jardin.

Il y a aussi des sœurs qui m'ont choisie. Bakhta, arrivée d'Algérie pour servir d'esclave domestique en France, qui s'enfuit par une nuit de neige pour échouer au milieu des clochards toulousains, une « sans-papiers » parmi tant d'autres, maigre, exténuée, terrifiée. Je la rencontrai en cherchant une nounou pour mon petit garçon. La confiance mutuelle fut immédiate, puis l'affection. Un an et six mois de démarches, d'inquiétudes extrêmes, de larmes amères et d'espoirs déçus nous ont soudées. Puis un beau matin lui accorda une carte de séjour, petit rectangle de plastique, clé dérisoire d'une vie enfin digne. Et les bras de Bakhta jetés à mon cou, ses yeux de madone épuisée : « Toi, Florence, tu es ma sœur ! »

Toutes ces années depuis, je n'ai manqué ni d'exquise chorba, ni de cornes de gazelle fraîches, ni de dattes, ni de thé à la menthe, ni de ces jolies tuniques brodées que l'on trouve dans les bazars d'Alger…

Sophie, elle, est entrée dans ma vie comme elle entre partout, avec un tourbillon d'énergie et de volontarisme qui laisse pantois. À nous, les grands projets menés tambour battant, les fêtes échevelées, les combats contre les moulins et les casse-pieds de tous poils ! Sophie, c'est une dynamite blonde, de l'or en barre, du rock, du vrai, qui jamais ne baisse les bras et m'entraîne, râlant un peu quelquefois, vers des défis inattendus. C'est la seule de mes sœurs aux côtés de qui je me sens enfin prudente et raisonnable…

On pourrait penser que la vie m'ayant déjà donné plus de sœurs qu'aux enfants du désopilant *Treize à la douzaine*, elle me jugerait suffisamment pourvue. Eh bien, non ! Ma famille s'élargit toujours et je commence à penser qu'un jour lointain, du fond de mon fauteuil à la maison de retraite, je verrai arriver une petite vieille aussi ratatinée que moi, qu'elle me proposera de partager son dessert et que nous nous reconnaîtrons âmes sœurs.

En attendant, d'autres sœurs viennent à moi.

Certaines marchent à grands pas, nez au vent, sac au dos, sur les sentiers de France. D'été en été, Isabelle et Pascale partagent avec moi une semaine de liberté insensée, sans enfants, sans compagnons, sans entraves. Une semaine où nous nous nourrissons de pain, de tomates et de sardines à l'huile, les fesses dans l'herbe des talus, en commentant la belle mine des vaches, les arbres alentour, la lumière du ciel. Nos échanges brassent dans un même élan Dieu et les exercices d'abdominaux, la politique et les crèmes solaires, la mode et les hommes, la littérature et le jardinage. Ces sœurs-là me communiquent en quelques jours assez de vitalité, de tendresse et de matière à réflexion pour tenir jusqu'à l'année suivante, jusqu'à l'instant béni où nous renfilerons nos godillots pour filer dans les chemins creux, à la découverte de nous-mêmes.

D'autres sœurs s'approchent à petits pas, de dévoilements en coïncidences. Frédérique est ainsi de ces femmes qui se livrent dans des pages. En dépit de sa langue bien pendue et affûtée, elle incarne l'expression « écrire, c'est dire en se taisant ». Et moi, j'entends sa voix, entre ses lignes et sous ses mots. Nous nous régalons de concerts et de romans, de théâtre et de cinéma, et de divines confitures qu'elle cuit et que je mange.

Enfin, viennent toutes mes sœurs dont je ne connais pas le nom, mais dont je sais la vie. Car si tous les hommes sont frères, toutes les femmes sont sœurs. Alors, je suis la sœur de celles qu'on enchaîne à des machines à coudre, de celles qu'on viole pour faire la guerre, de celles qu'on supplicie pour faire de l'argent, de celles qu'on mutile au nom de la loi, de celles qui ploient sous les fardeaux de bois et d'eau, de celles qui accouchent dans la poussière d'enfants qu'elles ne pourront pas nourrir. Je suis la sœur de celles qui tiennent la caisse des supermarchés en nocturne, de celles qui nettoient les bureaux à l'aube, de celles qui encaissent des coups, de celles qui ne reçoivent pas le salaire qui leur est dû.

Je suis aussi la sœur de celles qui se battent, pour elles et pour les autres, de celles qui tiennent à bout de bras leurs enfants hors de la marée montante de la pauvreté, du chômage et du mépris. De celles qui se rebiffent, protestent et résistent. De celles qui caressent la main des vieux et mouchent les petits, de celles qui partagent, de celles qui lisent, chantent ou dansent. Là où, quelque part sur la Terre, une femme vit et aime, là j'ai une sœur.

Table des matières

Derniers titres parus aux éditions Thierry Magnier

Collection « Romans »

Vert jade rouge sang
de Pascale Maret
Ko Myo va retrouver son frère Naing Lin, parti chercher fortune dans les mines de jade, loin de Rangoon. Après un long trajet, Ko Myo le retrouve en piteux état. Le travail dans la mine est épouvantable, les conditions de vie terrifiantes.

Marre de l'amour
de Maud Lethielleux
Des parents qui s'aiment, se tiennent la main, roucoulent les yeux dans les yeux, tous les enfants en rêvent ! Pas si sûr, Pierrot lui, n'y voit que des inconvénients. Avec ses copains, il va tenter de faire « désaimer » ses parents.

Ces années blanches
de Julie-Jacob Cœur
Marie, sa vie, elle l'aimait bien. Mais à la maison rien ne va. Rose, la faute à Rose, sa sœur aînée, qui n'en finit pas de s'égarer, de plonger dans les embrouilles. Après des années de compassion, Marie en a assez, elle veut vivre sa vie d'ado.

L'Interrogatoire de Gabriel James
de Charlie Price traduit de l'anglais (États-Unis) par Valérie Dayre
Témoin de deux meurtres, Gabriel James doit s'expliquer devant la police. Oui, il était amoureux d'une fille et n'acceptait pas d'être éconduit, mais pourquoi cela a-t-il déclenché une série de drames, ébranlant toute la petite ville ? Les policiers veulent tout savoir, tout comprendre.

Tifi en Haïti
de Valérie Lacroix
Après le tremblement de terre qui a ravagé son île, Starling a trouvé un semblant de paix avec Monsieur Neptune. Aussi elle n'a pas envie de recevoir les lettres de Lucie qui lui écrit de France.

Ultraviolet
de Nancy Huston
Dans son journal, Lucy écrit tout ce qu'elle ne peut pas dire à haute voix. À treize ans, les idées se bousculent dans sa tête et les sensations dans son corps. L'arrivée du docteur Beauchemin à la maison lui offre un interlocuteur troublant.

Comment je suis devenue flic
de Anne et Marine Rambach
Alice a deux choses à dire à sa mère pour fêter l'anniversaire de ses

quinze ans. Un : le Muffin Palace fait les meilleurs muffins du monde. Deux : elle veut devenir flic.

Un cargo pour Berlin
de Fred Paronuzzi
Elle s'appelle Nour – Lumière, en arabe – et elle porte bien son nom. Quand elle succombe au charme envoûtant d'Idriss, elle ne se doute pas, alors, qu'aimer peut être une faute... Il lui faudra fuir, pourtant, devenir Youness.

Tout le monde est une idole
de Marie-Sophie Vermot
Matthias Vernier ne sera plus jamais le même. Mademoiselle Prince est morte, avec elle les 28 autres élèves de la seconde 4. Il est le seul rescapé. Oublier, refuser le chagrin, Matthias part au sud de l'Italie, chez ses grands-parents.

Coline, 17 ans, dans la rue
de Valérie Lacroix
Coline en a marre de tout. Alors elle se casse, disparaît, s'enfuit. Elle apprivoise les rues de Lyon avec son chien qui la protège, et refuse tout lien avec sa vie d'avant. Elle sait bien que cela ne durera pas mais cette « vacance » sociale lui est nécessaire.

Jean II le Bon
de Fabrice Vigne
Quatre ans après l'écriture de Jean Ier le Posthume, Arthur, Stan et Elsa feraient bien un autre roman plus conséquent mais dans la même veine, celui de Jean II le Bon. Les voilà partis pour de longues conversations où chacun défend âprement sa vision de la littérature.

Granpa'
de Christophe Léon
Depuis ses sept ans, John vit avec son grand-père et partage ses convictions. Quand il s'agit de lutter contre l'Arizona Oil Company pour préserver les terres de Granpa', John ne réfléchit pas.

Prisonniers du chaos
de Roland Godel
Maxime passe ses premières vacances sans sa famille dans une île du sud. Parti en excursion avec Maria et Ange, les enfants de sa logeuse, il se retrouve bloqué dans la montagne par une incroyable tempête. Au retour, rien ne sera plus pareil.

L'Odyssée d'Alizée
de Gisèle Pineau
Adolescente noire dans une famille blanche, Alizée a été adoptée. À treize ans, elle aimerait en savoir plus sur sa famille biologique, retourner en Haïti.

Zone tribale
de Pascale Maret
À la maison rien n'est drôle pour Souf Bédié. Dehors, le charisme de Chaka fait merveille. Défenseur d'une Nation noire, il dirige une société secrète, la Première Tribu. Dans les caves de la cité Verlaine, il prépare la révolution. Souf est sous le charme. Mais est-il vraiment prêt à commettre l'irréparable ?

J'ai quinze ans et je ne l'ai jamais fait
de Maud Lethielleux
Capucine et Martin sont dans la même classe. Elle, belle, arrogante et intelligente, obsédée à l'idée de faire l'amour pour la première fois et lui, musicien perdu dans ses rêves, s'ignorent ; mais plus pour longtemps.

Mahout
de Patrice Favaro
Un camp d'éléphants dans l'Inde d'aujourd'hui. Animaux et mahouts, leurs dresseurs, y partagent une même vie misérable. Quand Trishur, le grand éléphant mâle, fait voler en éclats ses chaînes, Sid, jeune apprenti, devine qu'il n'aura pas d'autre occasion de s'enfuir.

L'Étranger sur le sable
de Anna Mackenzie traduit de l'anglais (Nouvelle-Zélande) par Élodie Leplat
Ness vit sur une île où tout contact avec l'extérieur est interdit. Mais un jour, au bord de la mer, elle découvre un étranger gisant sur le sable. Elle décide de le cacher. C'est pour elle l'espoir d'une autre vie.

Le Survivant
de Jeffry W. Johnston traduit de l'anglais (États-Unis) par Jean Esch
Chase est l'unique survivant de l'accident de voiture qui a tué ses meilleurs copains. Aucun souvenir du drame, seuls des flashes surgissent. Pour comprendre, il devra plonger loin dans son inconscient.

Le Grand Joseph
de Kochka
Joumana est née à Beyrouth, sa mère a épousé un Français. La vie pourrait couler ainsi, douce et joyeuse, mais la guerre civile éclate au Liban. Joumana et sa mère se réfugient à Paris.

Petite Audrey
de Ruth White traduit de l'anglais (États-Unis) par Valérie Dayre
À la fin des années 1940, la vie n'est pas facile dans la cité minière de Jewell Valley : l'argent manque, la faim est omniprésente. Audrey doit faire face en tant qu'aînée. Mais la vie réserve des surprises...

Le Fils de Belle Prater
de Ruth White traduit de l'anglais (États-Unis) par Geneviève Thomas
Après la mystérieuse disparition de sa mère, Woodrow part vivre chez ses grands-parents, près de sa cousine Gypsy. Ensemble, ils vont découvrir des secrets de famille bien gardés.

Silence, on irradie
de Christophe Léon
Un village à l'abri d'une centrale nucléaire. Un jour, une explosion pétrifie tout. Trois enfants survivent et se terrent pour de mauvaises raisons. Ils restent au village, seuls.

Héro, mon amour
de Anna Onichimowska traduit du polonais par Margot Carlier et Lydia Waleryszak
En apparence, une famille aisée très heureuse. Mais tous cachent des secrets pour préserver une fausse sérénité. Chacun a besoin de sa « petite drogue » pour mieux fonctionner, être à la hauteur.

Mauvais plan
de Dana Reinhardt traduit de l'anglais (États-Unis) par Dominique Piat
Enna, Anna et Mariah ont très envie de passer une soirée chez un copain plus âgé mais elles savent que leurs parents refuseront. Alors elles inventent un mensonge énorme dont les conséquences les dépasseront complètement.

Contredanse
de Chiara Simonetti traduit de l'italien par Marguerite Pozzoli
Mariolina ne danse pas pour se distraire mais pour devenir une danseuse étoile. « Madame », leur professeur, est intransigeante et n'hésite pas à humilier ses élèves. Une dernière provocation de sa part et Mariolina ne se maîtrise plus.

Le Monde de Lenny
de Kate Banks traduit de l'anglais (États-Unis) par Valérie Dayre
Lenny dit toujours ce qui lui passe par la tête, exaspérant ses professeurs. Sa mère pose pour des publicités et doit constamment porter des gants. Est-ce parce qu'il ne connaît pas la douceur de ses mains que Lenny doit aller voir Muriel ?

Pirate des Garages-Vides Rapport
de Corinne Lovera Vitali
Le rapport, c'est Jim qui l'écrit, pour le juge. Sa mère, Jean-François, l'instit, l'assistante sociale, le juge, tous sont d'accord pour qu'il change d'air. Et lui aussi en fait. Alors il est parti à la campagne, la vraie, dans une ferme vraie aussi.

Le monde attend derrière la porte
de Pascale Maret
Sarah vit depuis toujours selon les règles de la communauté des Rigoristes. Un jour elle étouffe et remet tout en cause. Ses parents risquent la relégation, mais elle ne se résigne à rien, ne veut plus renoncer.

Les Tortues de Bolilanga
de Frank Prévot
Sur l'île indonésienne où vit Alam, la légende d'Ibou Min' lui permet

de mieux accepter la mort de son petit frère. Sur l'île de Bolilanga, la mère des anges recueille les enfants morts transformés en tortues. Aussi, Alam décide de protéger ce sanctuaire de la voracité des promoteurs immobiliers.

Les Égarements de Lily
de Véronique M. Le Normand
En une seule nuit, Lily se retrouve défigurée pour plusieurs jours. Cachée chez sa tante, loin des regards, le temps s'arrête. Une semaine pleine de questions. Pourquoi elle et pourquoi maintenant ?

Le Chevalier au loup
de Viviane Moore
1198. Padrig guide les pèlerins de l'abbaye de Beauport en Bretagne jusqu'à Saint-Jacques-de-Compostelle. Son fils Armel l'accompagne pour la première fois et devra vite prendre la relève et élucider le meurtre de son père.

Un soir, j'ai divorcé de mes parents
de Rachel Hausfater
C'est décidé, il divorce... de ses parents. Pas pour tout le temps, mais un week-end sur deux, il part, seul, à l'aventure, pour se chercher et peut-être se trouver. Il va apprendre à regarder ses parents et la vie d'un autre œil.

Oasis dans le Pacifique
de Jaime Alfonso Sandoval traduit de l'espagnol (Mexique) par Alexandar Grujičić
Quelle famille ! Don Pepe Topete, le père, invente des combines les plus folles pour offrir à sa famille une vie décente. Dernière en date : émigrer dans un nouveau pays que personne ne connaît mais où la vie sera douce et facile pour tous.

Brèves rencontres avec ma mère
de Dana Reinhardt traduit de l'anglais (États-Unis) par Dominique Piat
Simone a toujours su qu'elle était une enfant adoptée. Sa rencontre avec Rivka, la femme qui l'a mise au monde, va provoquer de grandes questions d'ordre religieux et culturel.

Cascades et gaufres à gogo
de Maria Parr traduit du norvégien par Jean-Baptiste Coursaud
Trille et Léna sont les meilleurs amis du monde, rien ne saurait les séparer. Mais lorsque Léna trouve un papa et donc un mari pour sa mère, cela signifie un déménagement loin de Trille. Leur amitié tiendra-t-elle le coup ?

C'est pour toi que le rôdeur vient
de Adrienne Maria Vrettos traduit de l'anglais (États-Unis) par Pierre Charras
Dylan tient secret un don effrayant. Elle a la vision d'enfants assassinés et du lieu où ils se trouvent. La disparition de la petite sœur de son amie va l'obliger à aller au fond d'elle-même et à anticiper ses visions.

Le Jour de toutes les dernières fois
de Martha Heesen traduit du néerlandais par Emmanuèle Sandron
Boniface est un artiste sensible à l'infime. Jamais vraiment là, il passe son temps à dessiner. Ses absences répétées inquiètent sa famille mais sa dernière fugue est plus grave. Chacun va devoir affronter ses fêlures pour faire front ensemble.

Nouvelles re-vertes
Collectif
Treize auteurs nous peignent un tableau utopique, ironique, de la planète. L'homme a le choix de son avenir... Et, si le miracle n'est pas pour demain, l'humour est une constante de ces nouvelles.

La Guerre au bout du couloir
de Christophe Léon
Le mois de juin 1962 est très chaud à Oran. Maurice se retrouve seul à la maison avec son petit frère Alain. Il part chercher de l'aide mais tout a changé : leur tante n'est pas là non plus et des Algériens en armes défilent dans les rues.

Orages d'été
de Barbara Hall traduit de l'anglais (États-Unis) par Jean Esch
L'été est de plomb à la ferme cette année-là et la récolte est compromise. Dutch sent bien que cela ne durera pas. L'arrivée dans sa famille de Norma, sa cousine, va ébranler les certitudes, révéler les secrets.

Dans sa peau
de Benoît Broyard
La vie est trop moche chez lui, alors il part se réfugier dans une maison vide au plus profond de la forêt vosgienne. C'est là qu'il va tenter de se mettre dans la peau d'un autre. Mais la voix obsédante de son père ne le lâche pas.

Le Garçon qui voulait changer de nom
de Bodil Bredsdorff traduit du norvégien par Jean-Baptiste Coursaud
Dåp veut retrouver le nom que sa mère lui a donné. Dorénavant, il s'appellera Alek. Il part en bateau retrouver son grand frère Ravnar. Une nuit, il surprend des naufrageurs attirant un vaisseau sur les brisants pour en piller la cargaison.

Notre petite vie cernée de rêves
de Barbara Wersba traduit de l'anglais (États-Unis) par Jean Esch
Albert s'ennuie dans une vie banale. Orpha Woodfin, une vieille voisine semi-clocharde, va le réveiller. Auprès d'elle, Albert se prend à vivre ses rêves. Tout devient possible, il suffit d'y croire.

Tu peux pas rester là
de Jean-Paul Nozière
Mei et sa mère vivent depuis six ans à Sponge. Aucune des deux n'a de papiers français, or les gendarmes ont reçu des ordres : il faut expulser les sans-papiers de la ville. Les habitants de Sponge vont se mobiliser pour leur cause.

CET OUVRAGE A ÉTÉ ACHEVÉ D'IMPRIMER
EN FAMILLE POUR LE COMPTE
DES ÉDITIONS THIERRY MAGNIER
PAR L'IMPRIMERIE FLOCH À MAYENNE
EN AVRIL 2011
DÉPÔT LÉGAL : MAI 2011
N° D'IMPRESSION : 79540

Imprimé en France